JN298521

百田尚樹に学ぶ
ヒットを生む
仕事術

松本幸夫
YUKIO MATSUMOTO

SOGO HOREI PUBLISHING CO., LTD

はじめに

私は、ビジネス書の作家をしています。

何年かに一度、このジャンルではベストセラーといわれる10万部超えをすることがあります。ミリオンセラー、つまり１００万部は、超えがたいジャンルだからと割り切って、数多く書いて合計でミリオンを目指そうと思い、１７０冊を超す著書を書いてきました。

ところが、数十万部は当たり前で、ミリオンセラーも成し遂げている作家がいます。いわずと知れた百田尚樹氏です。

なぜ、百田氏はベストセラーを連発できるのか？

いい方を変えますと、なぜ、百田氏は多くの人々の共感を得られるのでしょうか？

ビジネスにおいても、共感を得て人々の心をしっかりつかめたなら、成功することができるのです。

本書では、〝共感させて人の心をつかむ名人〟といえる百田尚樹氏にスポットを当ててみました。百田氏の小説の書き方、心構え、ヒット連発の発想の秘密というものを解き明かしていきます。

そして、それらを、いかにしてビジネスに応用できるかをまとめてみました。

本書は、次の三つの要素をメインに構成してみました。

1. テレビ的な表現方法

基本となるのは、

- **つかみで勝負する**
- **一言でポイントをまとめる**
- **面白さの連続を心がける**
- **ストーリーで語る**

といった内容です。

企画書でも、セールストーク・プレゼンであっても、ビジネスにおいては「わかりやすさ」がものをいいます。

そのためには、テレビ的な手法というのは大きな武器となってくれるのです。

百田氏の読者と同じで、ビジネスの相手はミリオン単位でいるといっていいでしょう。

ですので、百田氏の小説での手法は、そのままビジネス相手の心を動かすことに通じるのではないかと思います。

「テレビ的な手法を意識する」

これを忘れてはなりません。

2．ストーリーを持つ（クラシックの交響曲方式）

百田氏は、クラシック音楽を聴きながら小説を書いています。これは、氏の成功の秘訣の一つとして、本書でも取り上げています。

クラシック音楽は、いわば「右脳開発」にもつながっていて、広義にいって創作に役立つものです。

しかし、それだけではありません。

クラシックの交響曲は、始めから終わりまでフラットではなくて、ドラマ、ストーリーがあります。

企画やプレゼンの構成でいう、起承転結、序破急、導入・本論・結論というような、「構成力」が、クラシックを聴くことによって養われていくのです。

「ＢＧＭ」のクラシックが小説を書く上での原動力となり、無意識レベルでも、小説の構成をしっかりつくっていくことができるようになるのです。

3. 使命感・志を持つ

テレビ的な手法を用いて、なおかつ構成をしっかり考えれば、誰でも百田氏のように「ファン」をつかめるでしょうか？

それは違います。もう一つ、持っていないと百田氏のようにならないものがあります。それは、使命感です。それも強力なものです。

日本人に勇気と自信を与える。これが百田氏の使命感であり、志です。

このような強力で大きな使命感さえあれば、ビジネスは思いのままといっても過言ではありません。

「面倒くさい」「ヤル気が出ない」などということを考える人は、「日本を変えよう」という志のあった維新の志士には、一人もいなかったでしょう。

「世界を変える」という使命感に燃えたスティーブ・ジョブズのように、あなたも強い志を持つのです。

ビジネスで、あなたは百田氏のような発想で、「偉業」を達成してください。必ずできると私は信じています。

平成26年4月吉日

松本幸夫

百田尚樹に学ぶ　ヒットを生む仕事術　もくじ

第2章　卓越した構成力に学ぶ

第3章　使命感、志に学ぶ

装　丁　萩原弦一郎、橋本雪（デジカル）
装丁写真　Radius Images/amanaimages
図表作成　横内俊彦

第1章　テレビ的な表現法に学ぶ

「一言でいうと」「一番大切なのは」を口癖にしよう

百田尚樹氏の、連続ヒットともいえるベストセラーの数々は、相手を**「共感させる力」**がなくしては成り立たないものです。

『永遠の0』の主人公宮部に共感するからこそ、時代も環境も異なる戦時中の物語に没入していけるのです。

『海賊とよばれた男』（講談社）の主人公国岡に共感できたからこそ、日本のために石油を手にする、日章丸のドラマに心を打たれたのです。

私は、この「共感させる力」は、百田氏の放送作家（テレビマン）としてのキャリアが培ってきたものだと考えています。

私のちょっとした体験です。

私のテレビ出演は、民放・NHK・地方局を合わせて20回前後です。そのピークは、初代の「モーニング娘。」が活躍していた1997年から2000年位でした。

ヨガで集中力をつけるといった内容で、「脳医学研究家」という肩書きで出演したこともありました。なつかしい思い出です。

そのまんま東時代の東国原氏と共演したこともあります。

私はいわゆる「文化人」というジャンルに入るらしく、ギャラが安い（？）ことで知られています。民放は特に、「ただで宣伝できるのだから」と、当時はかなり頭が高かった記憶があります。今は、違うかもしれませんが……。

さて、番組のディレクターやそれに準ずる人たちと打ち合わせをしていたときのことです。

一人の携帯電話がにぎやかな着メロと共に鳴り出しました。

さあ、あなたならこんなときに、同席の相手に何といいますか？

「ちょっとスミマセン」でしょうか？

あるいは時間を口にして、「5分ほど抜けます」でしょうか？

携帯を手にした彼女は、通話口を押さえてこういったのです。

「10秒だけ、いいですか？」

もちろん、現実には10秒ということはありません。私もそれは承知しています。しかし、そのいい方からは、「自分たちは1分、1秒たりともムダにしない」という、真剣さ、ひたむきさが伝わりました。

もちろん、百田氏も、そのような真剣勝負を日々行っていたわけです。「10秒だけ」。この短かさ、密度の濃い時間感覚は、私にとっては大きなショックであり、良い刺激となりました。

もう一つ、テレビとかかわりのあった時代に私が感じたことがあります。

それは、**「一言で表現する」**ということです。

コメントを求められて、私が答えます。

もちろん、私はテレビの「素人」ですので、どのカメラを見て話をしていいのかすらわかりません。

ようやく答えますと、

「松本先生、そこを一言でいうと、どんな風になりますか？」

というのです。

これは、他の局でも何度もいわれたことなので、「テレビ業界」では、当たり前なのかもしれません。

それだけが必ずしも正しくなかったとしても、一つだけ、一言だけを切り取って表現するのです。

例えば、「人前でのスピーチで一番大切なことは何でしょうか？」と問われたら、「それはアイコンタクトして話すことです」というように答えるのです。

はじめのうちは、「一言でいえるわけがない」とか、「一つだけなどありはしない、アレモコレモ、大切なことは山ほどある」と私は心の中で反論したものです。

しかし、くり返すうちに、「そうか、テレビでは、短く、わかりやすくが一番大切なのだ。だから、あえてその他は切り捨てて、一つ、一言にまとめればいいんだ」と思うようになりました。

このように思考回路を切り換えて割り切ってしまったら、私のテレビでのコメントはインパクトが強くなり、出演依頼も急に増えたのでした。

百田氏は、放送作家時代に、このような「テレビ業界の常識」を身につけていったのです。

本当のことをいえば、「一言」でまとめてしまうのは、その他をすべて切り捨ててしまいますのでリスクはあります。

しかし、リスク以上に「わかりやすさ」「理解しやすさ」は増します。テレビのキャリアが長かった百田氏は、当然、文筆でもその色合いが出るわけです。

また、「レッテル」を貼るようにして、いわば悪役と善玉とハッキリ分けるのも、「テレビ的」であり、百田式です。

別のいい方をしますと、「わかりやすさ」を追求して表現しますと百田式になります。

これは、例えば「本のタイトル」もそうです。中身を「一言」でいったのがタイトルといってもよいでしょう。

「デキる人」「能力の高い人」は、やはり百田式で一言にまとめて上手に表現するのが得意です。


半ば伝説化していますが大ベストセラー『脳内革命』を生み出したＳ社の社長Ｕ氏がいます。

そのＵ氏が、当時は、編集長だったそうです。翻訳書のタイトル決めのとき、部下に、

「どうだ、タイトルは決まったか？」

と尋ねました。

「何しろ部厚い本ですので、なかなかまとまらなくて……」

そこでＵ氏がいったのが、まさに百田式といえる次の「セリフ」でした。

「本の内容を一言でいうと、何が書いてあるの？」

「えー、あえて申しますとですね、その、小さなことにクヨクヨするなといえましょうか……」

「よし、それをタイトルにしなさい」

ということで、百田式で見事にベストセラーが生まれたわけです。

「秒単位で時間をとらえる真剣さ」

「一言、一つだけにしぼりこむ」

このことで、わかりやすさが増していき、当然、共感させる力が身についていくのです。

「10秒だけいいですか」

「一言でいうと……」

を口癖にしてしまいましょう。

そしてもう一つ、**「一番大切なのは」**も口癖にしてしまいましょう。

これも、いうまでもなく「一番」と、一つにしぼりこめないものは多いのです。それをあえて「一番」にしてしまうと、「一言」と同じでリスクはありますが、抜群に「わかりやすく」なります。

テレビの表現方法に慣れた人は、物事をあえてシンプルにいってくれると、納得度もとても高くなるのです。

一番というのは便利です。「NO1」。シンプルにくり返しますと、あまり内容がともなわなくても、定着してしまうものです。イメージが「NO1」のくり返しで強く焼きついてしまうのです。

私自身も（もう時効ですけれども）、20代の講師だった頃、講演や研修で、よく「若手NO1講師」として代理店が売り出したものです。

同時期、「人気NO1講師」として売り出していた講師もいましたが、今はどうしているでしょうか？

テレビに出演したさいにも、「一番大切なのは？」と尋ねられるのはごく普通のことでした。

例えば、あがり克服であれば、

「松本さん、あがりの克服で一番大切なことは何ですか？」

スピーチなら、

「人前でのスピーチで一番大切なことは何ですか？」

という具合です。

10秒、15秒でのコメントですから、こういう聞き方をしなくてはならないわけです。

これが本書でいう「百田式」なのはいうまでもありません。

これもはじめのうちは「ウーン、一番ですか……」と即答できなかったのですが、慣れてきたら、あっけらかんと、堂々と答えていました。

思い切りの良さ、開き直りも大事です。

「そうですね。一番大切なのは呼吸をコントロールすることです」

「吐く息を長くする深呼吸が一番効果がありますね」

「相手の目をしっかり見て話すことです」

などと、「一番大切なこと」をスラスラと口にしていました。

私が行っている研修の現場でも、10年前、それ以前の聴衆、受講者と比べると、今の受講者は長時間人の話を聴くことができにくくなりました。

昔なら15分、20分のスピーチは、ムリなく聴けた人ばかりでした。

よくプレゼンでも「ストーリー」で話せといいます。しかし、少なくとも「長いストーリー」は、どんなに内容がすばらしくても今はガマンしにくいのです。

私は年に映画を１００作品ほど観るのですが、特にアクション系は、つかみにガンガンとアクションシーンがこれでもかと入らないと観客が飽きてしまいます。

つまり、スピーチも、**ヤマ場ははじめにもってきて、なおかつ、「極力短く」していく**のが聴かせるポイントです。

映画監督の故大島渚氏は、とても「テレビ的」に感情を表したり、発言したりしていました。

かつて「朝まで生テレビ！」を観ていたときに、まだ「朝生」デビューしたての姜尚中氏が、あの魅力的な低音で、

「いいたいことが三つあります」

というようないい方をしたとき、大島氏は「一つにしなさい」とすぐにたしなめたのが印象的でした。


「大切なことは一つ」


そして、今はプレゼン、ビジネス上のスピーチでも、

「一番大切なポイントをこれから述べます」

というように、一つに絞り込まないと、相手もなかなか聞いてくれない時代なのです。テレビ的にスピーチするよう、心がけてはいかがでしょうか。


「一番大切なこと」というフレーズを、スラスラと口にできるまで習慣にしてしまい

ましょう。

できるだけ削ぎ落とす

百田氏の「テレビ的な手法」の一つに、**極力余分なモノは削ぎ落とす、**小説であれば余分なことは書かない、というものがあります。

私は、長年スピーチ指導、研修の仕事をしています。当然、だんだんに「余分」なことを口にしなくなってきました。

余分なことの一つは、たとえば「ノンワーズ」「言葉のヒゲ」の類です。

英語なら、やたらに会話の中で「you know」を入れる人がいます。日本なら「アー、ウー、アノー、ソノー」というものです。非単語というい方もします。つまり、意味のない「口グセ」「言葉グセ」というやつです。

私は長年、人前で話していますので、口癖がほとんどありません。削ぎ落としているわけです。

セミナーの中でも、「エー、アノー」をなくすためのトレーニングを入れています。30秒のスピーチをさせて、私は審判役として後方で見守ります。「エー」という非単語が口から出たら、チンとベルを鳴らします。

まったくの素人ですと、30秒もつ人はごく少数です。話の冒頭から「エー」ですぐにチンと鳴らされます。

さて、百田氏の文章も同じで、「余計なモノ」を削ぎ落とすというのは、まさに「テレビの手法」に他なりません。

余分な部分が多いと、チャンネルをかえられてしまうので、「面白い」の連続を考えて番組を作る。それを、小説を書くのに応用しているわけです。

「アッ」「すごい」「面白い」という、**「オチ」「結論」の連続で飽きさせない工夫をしていくのです。**

通常なら、やたらにオチがあるとか、あまりにネタを出し過ぎると、本1冊分の分量はもたないものです。

しかし、百田氏の小説は、「テレビの手法」を取り入れていますので、オチの連続が可能なのです。

最近の短編『幸福な生活』（祥伝社文庫）も、すべてをラストの1行でオチをつけるという、まさに百田尚樹の真骨頂という内容でした。

また、すべての余分なものを削ぎ落として、なおかつ短編といいますと、「短くまとめる」力も欠かせません。

ここも「テレビ的」だなと思います。

つまり「一言」とか「10秒」とか、短くまとめていく世界です。

百田氏の「短編」は、テレビ的な手法が存分に活かされていると思います。

私はセミナーの練習として、「15分1コマ」を提唱しています。つまり、15分という短時間で話をまとめて、そのくり返しで2時間の講演でも行っていくのです。

15分が8コマで2時間の講演となるわけです。

今までは必ずしも15分ごとに「オチ」をつけてはいませんでした。しかし、百田氏のテレビ式の手法に接してから、15分1コマの中にも必ず「オチ」をつけるように工夫して練習しています。

オススメは、どんな短いトークであっても、報告連絡や会議の発言一つでも、「オチ」をつけることを習慣にしてしまうことです。

余分なことは削ぎ落としていって、さらに必ずオチをつける。

これを徹底していきますと、あなたは人を魅了することが容易にできるようになるのです。

百田尚樹氏が、連続してミリオンセラーを出すと、それに伴って、雑誌のインタビュー等で氏の受け答えを目にすることが増えました。

もちろん媒体が異なっても、答えが大幅に変わるわけではありません。

「元テレビ人」として、百田氏はインタビューされる側になったわけです。

ご自身の小説作品に対しての百田氏のコメントを見てみますと、やはり本人の自覚の有無にかかわらず、「テレビ式」だと強く感じます。

昨年の秋に、全国書店で開催された、「まるごと！　百田尚樹」フェア開催記念インタビューを参考に、何作品か見てみましょう。

『僕のデビュー作』

『永遠の０』では、冒頭の一行がストレートです。

これはもう、つかみであって、テレビ的です。一言ですから。

さらに、７年前なので、ずいぶん前に書いた印象があると自分の率直な感想がありますす。それが多くの方に読まれているのは不思議な感じがするというのです。

これは、自分をさらけ出す「自己開示」であって、心のウチをさらりと出すことは好印象につながります。

この後も、「映像のない文字だけの小説で、一度勝負してみようと思った」という決意を語ったり、父の余命がわずかでという実話の「ストーリー」を語っています。

全文引用してみたいくらいの、解説そのものが百田氏の小説と同じで、飽きさせない組み立てとなっています。


『海賊とよばれた男』も、その冒頭ですべてを語っています。

「主人公・国岡鐵造のモデルは、出光興産の創業者、出光佐三。その生き様を書きました」と、すこぶるわかりやすいのです。

また、「うそ！」とか「そんな話聞いたことないで」などと会話体で引き込まれる文章が続きます。

さらに、ご自身が執筆中に胆石発作の激痛で救急車で運ばれた実話の「ストーリー」「ドラマ」を描いています。これもまた、全文を引用したいくらいに、百田氏のスタイルで、自著を語っています。

百田氏の自著を語る分析ではないので、一つひとつ書名はあげませんが、大切な

わかりやすさを生むポイント

極力余分なモノは削ぎ落とし、

一言でいうと　一番大切なのは

にまとめる

※物事をあえてシンプルにすると、
受け手の納得度が高くなる

「つかみ」だけを次に少しご紹介します。

「主人公のマリアはオオスズメバチ」

「高校生の青春スポーツ小説」

「磯貝彦四郎、かっこいいでしょう。書きながら泣きました」


どうですか？　続きを読みたくなるような出だしではないでしょうか。

自著を語るだけでこれです。氏の小説本体が面白くないわけがありません。

受け答えは入念にリハーサルする

百田氏は、**文章にしても、語りにしても、インタビューされる側としてパッといい答えが出るようにリハーサルをしているようです。**

ですので、インパクトのある一言でズバッと表現できるのです。

他の作品に対してのインタビューを受けたときにも、百田氏はまったく違う内容は語らずに、「本体」はほぼ同じです。まあ、いう度に違っているほうがオカシイでしょうが。

そして、くり返すうちに、最適な中身が口にできるようになっているわけです。

これは、ビジネスのセールストークや、報連相などにおいても同じことがいえるでしょう。

リハーサルして、一番しっくりくるいい方を研究しておくことです。

百田氏の場合は、あまりにもインタビューを受けることが多過ぎて、こんな「グチ」もこぼしています。

（『文藝春秋』の「この人の月間日記」より）

「講談社の応接室にて、新聞や雑誌の取材テーマは『本屋大賞について』を五本受ける。

インタビュアーが変わっても、質問は八割がた同じもの。同じことを何度もしゃべるのは結構つらい。テープに吹き込んで流したい気分」
百田さん、売れっ子ゆえの悩みでしょう。
ただ、ビジネストークに活用できる、ポイントではあります。

建設的な批判は受け入れよう

百田氏は、作品の最初の読者は自分の奥さんか子どもだといいます。
家族のいいところは、ハッキリと批判してくれるところです。
「ここは面白くない」「ここはダメ」
といわれたら、他人であればカッとなるところも、家族なら許されることがあります。
私も、私にとって「失礼」なことでも家族はすぐに指摘してくれます。
「体をユラユラして話をしている」とか「ね、というのが多過ぎる」とか、直接の利害関係も遠慮もないので、「イヤな話」「耳に痛い指摘」は多くあります。**本当に「もっと良くしよう」と思ったなら、この手の話を聞くべきなのです。**

ビジネスの現場でも、イタイ所をついてくる「家族」のような、的確に指摘してくれる人間を置くべきです。

あなたもぜひ、**的確に正しい批判をしてくれるパートナーを見つけるようにしてみましょう。**

そのとき、上司の中には批判のための批判をする人も多いので要注意です。あなたの心が押さえつけられて、ヤル気を失っては意味がないのです。

逆に後輩、部下には遠慮がありますから、正しい批判を「いってくれ」と頼んでみても、いってくれないこともあります。

いいのは、同僚だったり、同期だったりの、「直接の利害関係のない間柄」でしょう。

つまりは、いわれても、恨みの残らない「倍返し」されない人を互いに選べば共に成長できます。

いわれたことも、はじめは、「そんなことないよ」と思うかもしれません。しかし、自分が感情的になったり、グサッとくることは、「当たっている」かもしれません。

この**「人の意見を聞く耳を持つ」**というのは、ビジネスでも「名経営者」と呼ばれる方々に共通した特質といえましょう。

人の意見をまったく聞かなくなれば、もうオシマイです。

先日、孫正義氏のスピーチを聴く機会がありました。

ある大賞の受賞式のスピーチでしたが、過去の受賞者でもある松下幸之助、盛田昭夫、稲盛和夫の名を出して、まだまだ自分のような若輩者が……とただ謙虚でした。

また、挑戦や勇気といったことを強調する言葉が入っており、聞くだけで「勇気」が湧いてくるすばらしいものでした。

百田氏の次の言葉も謙虚です。また、私たちもビジネスで、見習いたい心がけでしょう。阿川佐和子さんとの対談の中での言葉です。

「とにかくいろんな意見を聞きたいんです。ボロクソいわれても、それが建設的な批判であるなら受け入れます」（「阿川佐和子のこの人に会いたい」週刊文春２０１３年6月20日号）

最近、ある映画監督が百田氏の映画にコメントをしました。どちらかというと批判です。

これはネガティブなものであり、建設的な批判ではないので、百田氏は強く反論をしていました。

私は百田氏の作品のファンであることと、こうやって本も書いているくらいなので百田氏サイドです。

また、このI監督、私はたまたま何年も前にグリーン車の中で同じ車両だったことがあります。

裸足の足を持ち上げて、新幹線の壁にベタッとつけていました。あまりのマナーの悪さに良い印象がなかったので、なおさらですが（別に私憤ではないのですが……）。

いずれにしても**「建設的な批判なら受け入れる」**人間でありたいものです。

百田式、聞き方の極意

百田尚樹氏は、『理念と経営』の２０１３年10月号で、80歳で三度目のエベレスト登頂に成功した三浦雄一郎氏と対談しています。

どちらかというと、ホスト役といいますか、百田氏が三浦氏の話をひき出すインタビュアーという形です。

そこで用いられている聞き方のスキルは、私たちのビジネスにおいても活用できる基本から応用までが盛り込まれています。

六つのポイントにまとめてみましたので参考にしてください。

1、オウム返し法で盛り上げろ

三浦氏が、現地でゆっくりと調整しながらマイペースでいくのについて、

「『年寄り半日仕事』という言葉を思い出したんです」

というのに対して、

「年寄り半日仕事ですか、はい（笑）」

というように、同じ言葉をオウム返ししています。


これは、**相手の言葉を尊重していることになりますし、「よく聞いています」というメッセージにもなるわけです。**

変形として、そのままのくり返しではないのですが、違う表現を入れながら、返すこともしています。

三浦氏が、

「80歳の今回はなにか、全然違いました」

というのに対して、オウム返しなら、

「全然違いましたか」

ということですが、実際に百田氏は、

「ああ、やっぱり過去とは違ったわけですね」

と、「違った」というキーワードは外さずに、表現を変えてバリエーションを出していきます。

ビジネスの場合には、後になって、

「そんなこといっていません」

とか、

「聞いていない」

などというディスコミュニケーションは少なくありません。

百田氏のようにしっかりオウム返しをしておくことは、**「確認」の意味もある**わけです。

レストランの注文品の復唱と同じで、コミュニケーションの行き違いを防ぐという意味からも、オウム返し法を行いましょう。

プラスしてメモがあったら最高です。

取材とか、特別な仕事以外では、やはり録音ナシのほうが、しっかりリアルに本人の話に耳を傾けられるものです。

私もインタビューされる側になることがあります。

録音にたよるインタビュアーは、目の前にいる私の話にあまり集中しない傾向があります。

目の前にいる人の「リアル」な話に集中することは聞き方の基本です。

2、相手の話は要約せよ

「バックトラック法」と呼ばれる聞き方があります。意味は、**「要約してくり返す」**というものです。

「要するに、おっしゃりたいのは○○ということですね」

と、相手の話をまとめていきます。

ビジネスの場で用いますと、「この人、頭がいいな」「よく人の話を聞いている」という好印象になるのです。

また、会議で発言を要約して引用などしますと、あなたの評価は上がります。

「先ほど○○部長のおっしゃったことは、一言でいいますと……」

「△△社長の冒頭の言葉からまとめますと……」

といった具合です。

あなたの意見が大したものでなくても（失礼）、いわゆる仏像の光背のようなハロー効果で、あなたも偉くみえてきます。


さて、百田氏の「要約してくり返す」はどういったものでしょうか。

年齢の高い三浦氏は、行程を半分ずつにして、ゆっくりと登っていきました。

例えば、本来であれば昼食後に出発していたのを、昼食のあとはオフにして、翌日出発という具合です。

三浦氏の、「全部行程を半分ずつにし、山頂もキャンプを二つ増やしました。ですから、ある意味では時間がかかる感じです」

という言葉に対して百田氏は、

「倍近くかかるわけですね」

と一言でまとめています。

一時、メタボとなって「余命5年」といわれた三浦氏の言葉、

「動脈が完全に詰まって、血圧も190を越えていました」

に対して、

「要するに、コレステロールがいっぱい溜まった感じですね」

と応じています。

「要するに」を用いていて、理想的なバックトラックになっています。

3、驚く、ビックリする

コミュニケーションは、ただじっと聞いていては、盛り上がりに欠けてしまいます。

ですので、**時々あえて相手の話に驚くことで聞き方にメリハリが出ます。**

百田氏は、適度にビックリして盛り上げます。

下山のときの天候は「荒れた」という三浦氏。吹雪になり始めたというのに対して、

「えっ、荒れたんですか」

と驚いています。

冷え症であるのと同時に、暑さにも弱く、汗がダラダラと流れるという弱さが三浦氏にはあったといいます。

用心深くして、凍死しないように、弱さゆえに注意を払ったという三浦氏に対して、

「いやぁ、今はじめてお聞きしました」

とビックリ。

時々、相手の話に感心して、ビックリしてあげましょう。相手も興に乗って、会話がはずみます。

4、正直な感想を伝える

型通りの聞き方では、相手はなかなか心を開いてくれません。

そこには「面白さ」もなければ、インタビュアーの「人間性」も見えてこないからです。

田原総一朗氏のように、相手を怒らせて、感情的にさせて本音を出させるというテクニックはあります。

しかし、ビジネスで相手を怒らせるのは基本的にタブーでしょう。**いい気分にさせる、話しやすい雰囲気作りをするのが王道です。**田原氏のようなキャリアのあるプロなら、別かもしれませんが。

下手な見栄や外聞を捨てて、本当に思ったことをサラリと口にする。これでその人の人間性がそのまま出てきます。

さて、百田氏の場合はどうでしょう？

三浦氏は、百田氏の本の読者であり、

「僕は百田さんの『風の中のマリア』も読んでいますよ」

に対して、

「うれしいです」

と第一声。感情を素直に出しています。

エベレスト登頂時には、百田氏の『海賊とよばれた男』を持って行ったことに対して、

「『海賊とよばれた男』をご持参くださったということで感激しております」

と口にしています。

テレビの収録で、1、2キロの肉をペロリと食べて、翌朝にはお腹がすいたという三浦氏に対して、先のビックリも加えて本音です。

「すごいですね！」と。

5、事前調査を欠かさない

インタビュアー、ホスト的な役割での百田氏をみますと、そこには**徹底した事前調査がなされている**のがわかります。

相手について、その業界やエピソード、過去の事例、状況について、徹底的に調べ尽くしておく。

仮にそれを使わなかったとしてもいいのです。

「テーマにしようと思えば、いつでも話せる」という状況ですと、それは心理的余裕となってきます。「私は、このことも知っているんですよ」と内心思います。

まだ今のようにネットが発達する前の頃ですが、ある経営者が、あまりにもインタビュアーが調査不足で、「そんなことも知らないのか」という質問ばかりくり返したので怒って席を立ったという話があります。

今なら、ネットで調べるだけでも、相当な事前情報が入るでしょう。

これはもう、「利用しなくてはいけない」というレベルまできています。

百田氏も、そこは徹底して行っています。

5月が下山にとっていい状態にあるものの、うまくいかなかった事例も、百田氏は情報として仕入れていて、対談中の三浦氏に伝えています。

それは、十数年前の、日本人女性で二番目のエベレスト登頂者、難波康子さんの事例でした。

「難波康子さんも、あれで亡くなられた」と話したのです。

三浦氏は、「おっ、こいつ知っているな」と思ったでしょう。

「そうなんですよ。ちょうど、あれに近い状態になった」と、サッと答えています。

「今までに5月にそんなことあったんですか?」

とでも聞けば、三浦氏は説明したでしょうが、「こいつ調べてないな」と思うかもしれません。


「こんなことまで調べているのか」と思われるのは大事です。


相手のことに興味がなければ、普通そこまでしないでしょう。

ビジネスでも「こいつデキる」と思わせてくれるものです。


いい方も、「どうです、調べてきましたよ」というような露骨な表現はせず、サラッといきたいものです。

三浦氏のエベレスト登頂にしても、

「70歳が実は初登頂なんですってね」

と百田氏はサラリといっています。

6、事実を確認する質問をせよ

ビジネスで欠かせないのは「数字」であり、客観的な事実です。

いわゆる、5W1Hのチェックを、インタビュー中にしっかりとおこなわなくてはなりません。

といっても、「いつですか?」「どこで?」「誰と?」などと連発してしまいますと、あたかも刑事の尋問のようで、相手はあまりいい気分にはなりません。また、心も閉ざしてしまいやすくなります。

百田氏は、今まで述べたような聞き方の合間に、**さりげなく事実の確認となる質問をしています。**

これはインタビュアー、ホスト役として、そのことで「読者がわかりやすく状況がつかめるようになる」というのが目的です。

ホストとしての自分もさることながら、どこかに読者のためを思う気持ちが入っているわけです。

次に、いくつか例をあげてみましょう。ここも、三浦氏との対談の中から集めてみました。

「80歳で登ろうと思ったのは、いつごろですか?」

このように「いつごろ」とか「いつぐらい」とややあいまいにすることで、「いつ?」「どこで?」というような尋問調からはなれられて、自然になります。

「お子さんは、どうおっしゃっていましたか」

「ちなみに、余命はどのくらいといわれましたか」

「大けがをされたのはいつのことですか」

「本格的に準備されたのは、1年ぐらい前ですか」

これらは、「いつ」ということばかりではなくて、自分で推測して尋ねるやり方です。

以上のような六つの聞き方を、百田氏に学んで、ビジネスでも活用してみましょう。

百田式六つの聞き方

1．オウム返し法で盛り上げる

2．相手の話は要約する

3．驚く、ビックリする

4．正直な感想を伝える

5．事前調査を欠かさない

6．事実を確認する質問をする

【コラム】スピーチドクターの見る、百田尚樹氏の話し方

今年の2月初めの都知事選の応援演説を参考に、誠に勝手ながら、百田氏の話し方について分析してみました。

まず良い点は、自分の信念を語っていますから、力強さ、熱意を感じさせます。デール・カーネギーのいうように、熱意は伝染するものです。

百田氏の役割は応援ですから、その意味では目的を達していたものと思われます。


改善点は次の三つです。

1、エー、アーを減らす
場数の問題は大きいですが、「エー、アー」を減らさないと、中身以前に話が聞きにくくなります。

「あっ、またいうな」と思うと、すぐエーが入ってきています。

ただし、エーをいわないようにするとなると、そのことがかえって気になって話せなくなってしまいます。

具体的には、「今日はアイコンタクトをしっかりやろう」とか、「大きなジェスチャーを使おう」と意識しますと、段々エー、アーが少なくなってきます。

2、プライベートな話、ソフトなトーンの話し方を入れる

熱意だけで話をしていますので、力強くパワフルなところはありますが、聞き手は疲れてしまいます。

ですので、ほんの少しプライベートな話を入れるとか、トーンダウンして語りかけるとよくなります。

ノーベル賞を受賞した山中伸弥教授は、このあたりは上手にリハーサルを行っています。

百田氏なら、ほんの少し奥さんや子どもの話を入れてみたり、ほんの10秒でも、笑えるようなシーンを入れると、ずいぶんリラックスできます。

自分が話したいことは大切です。しかし聞き手にも配慮したいところです。演説でも、対話するようなところを入れると良いと思います。

3、ジェスチャーを盛り込む

安倍総理は、大きなジェスチャーを多用しています。特に人前ではそうです。ジェスチャーの大きさは、聞き手の数や会場の広さに比例させるべきです。ですので、新宿西口の観衆前でしたら、百田氏はもっともっと大きなアクションを入れてもおかしくはありません。

欧米では許される、ポケットに手を入れる場面もありましたが、日本ではタブーの手の位置です。

手を動かしていいシーンもありましたので、形や数字を示したり、上から下に力を込める小泉進次郎氏のような動き（父親も多用しましたが）を、戦略的に用いて良いでしょう。

アレコレいいたいように書きました。

百田氏のスピーチについて分析する人はいないでしょうし、もしかしたら百田氏ご本人が読むかもしれないので、あえて書いてみました。

信念、熱意が名スピーカーの条件なのですが、百田氏にはそれがあります。

「これだけは訴えたい」ということがあれば、あとはトレーニング次第で必ず上達できます。

古きしっかりした作りこみに学ぶ

私はスピーチドクターという名称で、人前での「話し方」や、「生き方」を、今後、本格的に指導していくつもりでいます。また、ビジネス書作家の育成にも興味があります。

そろそろ、ビジネスそのものよりも、社会的な価値や意義のある活動をメインにしていきたいのです。

「人を育てる」ことは、オーバーにいえば国家百年の大計ですし、時間がかかります。今後、この活動のために社団法人をつくり、若い世代を育てていきたいという「志」を持っています。

さて、スピーチの現場では、10年前、15年前と比べますと、明らかに違っている点があります。

それは、先にも触れたように、聴く側に耐性がないのです。ガマンして人の話が聴けなくなってきています。

本の場合も、新書や文庫本のような「薄い本」が重宝されています。有名な著者が、いきなり文庫本の書き下ろしをするようになりました。テレビのようにまとまっていて、読みやすい。時として、読みやす過ぎるくらいです。行間も多く、文字は少な目……。

読みやすさ、わかりやすさの追求は、時として読む耐性のない人間をつくり、じっくりと時間をかけてしっかり作り込んだ本が、廃《すた》れてしまいかねない危険を招きます。

百田尚樹氏がスゴいのは、テレビ的な手法で書いたとしても、必ずしも短編ではない点です。

長編のテレビドラマのように、ドキドキ、ハラハラさせる連続で書ける、これは才能といっていいでしょう。

私がいいたいのは、安易にテレビ化してしまいますと、じっくりと時間をかけて、しっかりした作り込みの本が読まれなくなるのでは、ということです。

そこで、私が「勉強」のつもりで心がけていることがあります。紹介してみましょう。

それは、古書街に出向いて、昔の本、雑誌を集めてくるということです。

確かに、データは古くなっていますが、昔の本は「本のつくり」は、しっかり手間をかけているものが圧倒的に多いのです。私はこのやり方で、170冊超の著書のアイデア、ヒントをたくさんもらってきています。

それは、かつては今のように本が「量産」されていなかったのも、大きな理由でしょう。

また、出版人に今の方々よりも「気概」があった、「チャレンジ精神」があったのも理由ではないかと私は思うのです。

「いい本を作ろう！」という信念のもとに、しっかりと本を作りこんでいく出版人が多かったものと思います。

著者として、百田氏は「面白い本を書こう」「感動させる本を書こう」と日々、心がけているでしょう。

そこにあえて**「いい本、10年後にも残っているような読み応えのある本を書こう」**というものが加わったなら、百田氏のベストセラーは、さらにワンランク上にいくかな、と思っています（ファンの一人として）。

あなたも、古典やロングセラーの名著といわれるものを、時間をかけて手間暇をかけた「良書」に触れるという意味で、読んでみてください。

・必ずしも一言でいい尽くせない
・必ずしも一番大事なことは一つではない
という側面も、しっかりと意識しておくことも必要です。

第2章　卓越した構成力に学ぶ

つかみを徹底的に研究せよ

スピーチやプレゼンの研修を行う上で重要なことは、たくさんあります。まず、中身をしっかりと組み立てなければなりません。また、リハーサルも不可欠です。

あるいは、同じ中身であっても、声のメリハリ、表情、ジェスチャーといった伝え方で、印象は大きく左右されます。

あるいは、時間配分とか、アドリブ性とか、対話型で話すこと等々。もちろん、これだけで一冊の本になってしまいます。そのくらい、やるべきことはあります。これは皆さんのビジネスでも同じでしょう。「プロ」と称するためには、様々なことに気配りして、スキルアップをはかる必要があるのはいうまでもありません。

私は「マイナーチェンジ（小さな手直し）」であろうとも、研修の進め方には工夫して、その度何らかの「プラス」を付け加えるように意識しています。そうしないと、生き残れない時代でもあります。

ただ、百田氏の発想力を研究して、その小説の手法を取り入れていくうちに、新しく「始めた」ことがあります。

それは名付けて**「つかみ大会」**です。「大会」ですから、共感できて「ウケる」つかみができた人は、優勝者として、拍手と、私の書いた本が「賞品」としてもらえます。

幸い、私の本を「欲しい」人が多いので、皆、真剣に「つかみ」を工夫してきます。インパクトが強くて、記憶に残る「つかみ」。もちろん、ビジネスですので、商品や会社の歴史、創業者などにからめたつかみです。

たとえば、「私共〇〇社は、消費財の△△という商品名がよく知られていますね。しかし、売り上げは二割程度で、実はあまり一般的に知られていない医療機器がメインなんです」

というつかみで、就職説明会に来た学生にスピーチしたり、

「皆さん、芸能人の〇〇さん、ご存知ですか？

実は彼の体内には、まだ私共の会社のボルトが入っているんです。そうです。私共

の主力商品の一つは、××なんですよ」

などと、質問や、芸能人ネタでつかみを作る人もいます。

あるいは、

「皆さんヤル気ありますか？　ちょっと元気出しましょう」

などといって、声を出させるようなつかみもあります。

アメリカですと、〝スタート ウイズ ジョーキング〟で、ちょっと気の利いた一言が最初に入る人は多いものです。しかし、日本人のプレゼンターには、まだまだそういうセンスの持ち主は少ないようです。


なぜつかみの話をしたかというと、**百田式＝テレビ的＝つかみ**、だからです。

氏の創作における優れたポイントは、間違いなく「つかみ」の上手さにあります。

もちろんこれは本人も認めていることです。

テレビはつかみが上手でないと、簡単にチャンネルを変えられてしまいます。

そこで、氏はあえて「テレビ的」に、つかみでググっと心をつかむ。さらに、面白く興味深くストーリーを進めて飽きさせない。

もちろん、これは、あなたのビジネスのプレゼンやセールストークにも、どんどん応用していってほしいのです。


阿川佐和子さんは、インタビューの名手ですが、週刊文春での百田氏との対談で、こんな質問をしています。これは、すこぶる「テレビ的」な質問の仕方です。

「百田さんが小説を書くとき、いちばん大事にしていることは何ですか？」（ヽ点筆者）

先に触れたように、「テレビ的」なキーフレーズ、

「一番大事にしていることは？」

「一番重要なポイントは？」

という聞き方です。

それに対する百田氏も、さすがテレビ的。「うーん」とうなるとか、考え込まずに、パッと答えが出ます。

「掴《つか》みですね」と。

そして、次の言葉が百田氏の小説でもベースとなる部分を象徴しているといってよいでしょう。

「テレビは開始の一分、二分、これが勝負なんです。最初に視聴者の心を掴まないと、視聴率は取れません」

これは、百田氏の小説でも同じですし、私たちのビジネスでもそうです。

ビジネスにおいて、つかみを大切にするべき、もう一つ大きな理由があります。それは、はじめの数分で、あなたに対しての第一印象ができてしまうということです。

そして第一印象は、一度つくとひっくり返すのはかなり苦労することもわかっています。

さわやかさ、明るさ、誠実さが必要なことはいうまでもありません。

しかし、ここでインパクトのあるトークができたなら、あなたの好印象は相手の心にずっと刻み込まれるのです。

つかみの研究を、さらに深めていってください。

ドラマ仕立てで考えよう

『永遠の0』は、百田氏が意識してテレビの手法を盛り込んで**「面白さの連続」「興味を抱かせ続ける」**つもりで、ページを書き進めていったものです。

また、他の小説でも、おそらく半ば無意識のレベルでも、その手法は用いられているでしょう。

テレビなら、始まってすぐ、小説ならはじめの1行で、ググッと視聴者や読者を惹きつけていかねばなりません。

百田氏の小説に限りませんが、冒頭部分が冗長ですと、読む気をなくしてしまうものです。

読者は忙しいですし、移り気ですので、出だし勝負なのは間違いありません。

さらに、小さなオチ、意外性、人間のドラマのようなストーリーがあれば読者はページをめくり続けられます。

仮に、あなたが商品や企画の説明、プレゼンを行うとしましょう。

従来のように、長々と序論から入って、ただ説明するだけでは、これからの時代は生き残れないのです。

「はじめからインパクトのある話をする」

ここがポイントです。

インパクトのある話は、**「具体例・実例・体験談」**が盛り込まれています。

私は、話題のプレゼン〝TEDトークス〟を分析してみました。

長くても15分という時間の中で、ストーリーのある話、インパクトのある話というのは、例外なく本人自身の体験談でした。

本人の体験談というのは、当たり前ですが、本人にしか話をすることのできないものです。

そこで、「もっと聞きたい」「先を知りたい」と思わせるにはどうしたらいいでしょう？

小説なら、「早く次のページを読みたい」と思わせる手法です。

この場合に、ちょっと使ってみたい方法があります。

それは、心理学者のゼイガルニクが発表した、**「記憶の中断効果」**を活用するというものです。

私たちは、勉強でも何でも、どうしても「キリのいい所」までやろうとします。しかし、**キリのいい所でなくて、「途中」であえて止めてみるのです。**

テレビドラマでいう「続く」を作るのです。

何でいい所で「続く」のでしょう。

実は、そのほうが記憶に残るのです。そして、「先を知りたい」という欲求も大きくなっていきます。

ですから、「いい所」「ピーク」であえて「続き」にしてみて、次回にとっておくことも考えてみましょう。

これも、まさに「テレビの手法の活用」ということができましょうか。

百田氏のように、読者のページをめくる手を休ませないように、「面白い」の連続をビジネスでも取り入れたいものです。

まずは、**具体例、実例、体験談、エピソードを頭に持ってきましょう。**

商品の説明一つとっても、使用者の「声」というのは、立派な具体例です。

「価格は少し高いものの、耐久性があって他社と全然違います」

とか、

「デザインがとてもユニークなので、多少重さがあっても気になりません」

というように、いい面ばかりでなく、少しマイナス面もあえて加えたほうが、逆に信用されるものです。

あいさつのあとは、ストレートに商品の良さをアピールする、さらに面白く興味深い話（相手にとって）を続けていくことにより、あなたのビジネストークは格段に、人を惹きつけるものになるのです。

そういう目で、百田氏の小説を読んでみてください。「退屈」「冗長」などという場面がほぼゼロなことがわかるはずです。

もしかしたら、セールストークの本を読むよりも、百田氏の小説を読んだり、ジャパネットたかたの、まさに「テレビ的」なセールストークを観るほうが、参考になる部分があるかもしれません。

百田尚樹氏の、小説の手法を、あえてビジネスに応用してみること。これが本書のテーマの一つでもあります。

こういう着眼点で、百田氏を紐解いていくのは、初めての試みでしょう。

ミリオンセラーを連発している百田氏の手法は、小説の枠に留めておくのはもったいないと信じています。

自分にキャッチフレーズをつけて印象づけよう

映画『永遠の0』で岡田准一さんが演じたのが、宮部久蔵でした。

観ている人にはあえていうまでもありませんが、宮部は戦闘機乗りとして、つけられたレッテル、キャッチフレーズがありました。

それは「臆病者」というものです。

しかし、本当は人間性がある素晴らしい人物だったこと、実は強かったことがストーリーが進んでいく中でわかっていきます。

百田式、テレビ的な手法としては、ただの宮部久蔵という名前では弱すぎるのです。「臆病者」という言葉がなければ、宮部の戦時の評価がわかりにくくなります。

「命を大切にした」→**「なぜか」**→**「それは……」**というように展開していって興味

が尽きません。

また、本当はそうでないというのは、貼り付けたレッテルをひっくり返してしまう、**「意外性」**があります。

私たちがこの百田式をビジネスで活用するには、どうしたらよいでしょうか？

基本ルールは、

「アイデア、企画、プロジェクトは、ネーミングしてくり返す」

ということです。

実は、私がプレゼン、スピーチの指導をしていて、まったく同じことを受講者に伝えています。

例えば、**「あるプロジェクト」といわずに、「プロジェクトX」「継承プロジェクト」というようにネーミングしてしまうのです。**それを、一回のプレゼンの中で何度もくり返します。

また、あなた自身にもキャッチフレーズを付けて、くり返して紹介の際に用いましょう。

それがシンプルで特長をよく表していたなら、くり返せば必ず相手の記憶に残ります。

私が好きな格闘技の世界でも、

「燃える闘魂」といえばアントニオ猪木、

「400戦無敗の男」ならヒクソン・グレイシー、

「氷の皇帝」ならエメリヤーエンコ・ヒョードル、

という具合に、キャッチフレーズが本人のイメージを代弁してくれています。覚えやすいのもテレビ的でしょう。

「鉄の爪」とか、「白覆面の魔王」とか、「千の顔を持つ男」とか、「人間空母」、「人間発電所」などプロレス界のキャッチフレーズはとても「テレビ的」でセンスがありました。

事例が古かったですが、フリッツ・フォン・エリック、ザ・デストロイヤー、ミル・マスカラス、ヘイスタック・カルホーン、ブルーノ・サンマルチノが先の代名詞の正解です。

本書執筆中に亡くなった、ビル・ロビンソンは、「人間風車」でした。

是非、あなたも、「これはいいニックネーム」「この代名詞シャレてる」というものがあればメモをしておいて、それをあなた自身に、キャッチフレーズとして付けてください。

今考えると恥ずかしくてどうしようもない、私の20代のときのキャッチフレーズは、こうでした。

「誠の講演道を追求する炎の講演家」

です。笑ってしまうでしょう。

しかし、今「スピーチドクター」というキャッチフレーズを用いていますから、あながち外れてはいないかもしれません。

さて、あなたは自分に何とネーミングするでしょうか？

ちなみに今の私のキャッチフレーズは、

「出版界の活性化を夢見る男」

というものです。

出し惜しまずに、オハコを連続せよ

私の浪人時代の師は、当時現代ヨガを主宰していた藤本憲幸先生です。

20歳になるかならないかの私は、先生のような「超人」になりたくて「能力開発」の世界に入りました。

当時、ヨガはブームで、先生の「鞄持ち」のようにして、テレビ局や講演会場に出入りしました。

後年、まさか自分が出演する側になるとはまったく思いませんでした。しかし潜在意識の中に、「この先生のような仕事をする」という刷り込みはなされていたに違いありません。

私は、藤本先生が何百人もの聴衆を前にして講演するときに、控室や通路で「イメージ」を浮かべながらリハーサルをするのを目にしていました。「上手な人でもリハーサルをするんだな」と思いました。しかし、逆にリハーサルをするから上手なのだ、ということに気づいたのは後年のことでした。


さて、先生のオハコで、「神経痛のオバアサン」の話があります。

あるとき講演会の前に、「私は神経痛で痛くて痛くてどうしようもない」と、老婆が訪ねてきました。

「ヨガの秘法で治せませんか？」

と、ワラにもすがるような表情で老婆は尋ねます。しかし、講演の時間がせまっているので、「では、講演のあとでもう一度」ということで、先生は登壇し、老婆は会場に聴衆として入りました。

講演中突然、先生は、「神経痛！　前に出てこい！」と怒鳴ります。

老婆は、「何でこんなに多くの人の前で呼ぶんですか、恥ずかしい」と前へ出ます。

しかし先生は「呼んだ覚えはありません」というのです。不審に思いながらも、老婆は席に戻ります。

さらに講演中、二度同じことをしました。その度に「神経痛！」と大声を出し、老婆が前に出ると「呼んでいませんよ」の連続です。

そして4回目、ついに先生は、こういいました。

「あなたは神経痛という名前ですか？　なんでノコノコと、スイッチが入ったように前に来るんですか？

アイアム神経痛というこの馬鹿げた思い込み。ここから脱却しないと治るものも治りませんよ！」と。

スゴイ荒療治ではありますが、一理あります。ネガティブな思い込みというのは恐ろしいものです。

この先生のエピソードは、いつも講演会のハイライト、ピークで話す、オハコなのです。

あるとき私は、

「オハコを始めに出してしまったらどうなるのだろう？」

と考えました。

しかし、そうすると、そのあとでさらに面白くてインパクトのあるスピーチを連続していかないといけなくなるものです。

その後、研修業界に入った私の師は、箱田忠昭先生です。もう30年以上のお付き合いがあります。

話し方教室の主だった所を受講しまくっていたのですが、「人の心を動かす」「熱意」を伝染させてくれたのは、当時箱田先生しかいませんでした。

そして私は、箱田先生に学びながら、オハコをあえて始めから話すようにしてみました。

もちろん、これは「オチ」「トリ」の話を始めにしてしまうわけです。結果として、「何とかそれを上回るネタで、もっとインパクトのあるスピーチをしなくてはならない」

となるのです。

キャリアを積んでいくうちに、何とか、スリリングで興味深い話を連続していくことができるようになりました。

ただ、「泣かせる」「感動させる」スピーチができる先生方は、日本に10人はいないものです。箱田先生は、その数少ない一人なので、この辺はまだまだ、自分の「道は遠い」と自戒しています。

こういったことは、話すことと書くことの違いはありますが、いわば「百田式」なのです。

つまり、テレビ式に、チャンネルをかえられないように「面白さの連続」で書くという百田式です。

書くときも話すときも、あえて「とっておきの話」の興味深いエピソード、「オハ

コ」を前に持ってきましょう。

その連続で、相手の心をググっとつかんでしまうのです。

とにかく興味を持たせ続ける

『永遠の０』は、百田氏の小説デビュー作であることはご存知の通りです。齢50、一つの人生の節目でもありました。

バラエティー番組の放送作家は、「短期決戦型」であって、そのときに視聴者がチャンネルをかえずに、見てくれないことには話になりません。

ですので、「わかりやすさ」そして「面白さ」は欠かせないものです。

それは、これまでに述べたように「一言」で表現したり、「一番大切なこと」などを強調していくような表現法をとります。

ところが、小説になってきますと、テレビの「話し言葉」ではなくて、「書き言葉」になります。

また、小説はテレビとは異なり、一過性のものでなく、くり返し読まれることもあるのです。

私も講演では「ものすごく」とか「一番大切なこと」というようないい方をあえてします。基本は、一回限りのつもりです。

しかし近年は、局所のつもりで話したことが、世界的なスケールで、瞬時に広まってしまうことも少なくありません。

ですので、何回も聴かれてもそれに耐え得るような中身を心がけなくてはならないでしょう。

その辺は、私がＴＥＤトークスを題材にした本を書いていて、強く感じたことです。（『世界の頂点《トップ》に立つ人の最強プレゼン術』総合法令出版）

『永遠の０』のような、くり返し読まれる可能性のある小説になると、「一番」とか「ものすごく」などというスピーチでは力のある言葉は、多用するとかえって陳腐化してしまいます。

つまらなくてチャンネルをかえられてしまう、これはテレビマン、放送作家としては何としても避けたいことです。

同様に、「つまらないから、ここまででやめよう」と、読者がページをめくる手を止めてしまわないようにするのです。

日経BP社の取材の中で、このあたりのことを百田氏自身こう述べています。

「テレビは最初から面白くないと視聴率が取れないんです。そして、途中に面白くないシーンを入れてもまた視聴率はとれない」

だから、面白いシーンを連続させていくことが命題なわけです。

これは、百田氏の小説を読んでいると、いつも感じることです。

「アレ？　どうなるんだろう」とワクワクさせることが上手いのです。

放送作家から、小説家になったときに、やはり百田氏は「面白がらせる」ことを徹底したわけです。

『永遠の0』を書くときも、それは意識したはずです。いきなり面白い。読者を最初の1ページからつかまえる。つかまえたら絶対離さない。

どうでしょう。百田氏の執念が感じとれますね。

また、これは私たちのビジネスでもまったく同じではないでしょうか?

いたずらに長すぎる訓話、朝礼の類。

いわゆる紋切り型で「エー、突然のご指名によりまして……」などという、テレビなら即チャンネルをかえられてしまう冗長なスピーチ。

セールストークも、テレビの手法を応用して、ズバッと本題に切り込んでいって、合間にサプライズを入れて、飽きさせない工夫がいるでしょう。

ですから、ビジネスで人の心をしっかりつかんで離さないために、「わかりやすく」「面白く」を常に追求していきたいものです。


こう自問してみましょう。

「顧客が仮にテレビの視聴者としたなら、果たして自分の番組(プレゼン、プロジェクト、提案、報告等)は十分に観たいなと思わせるものになっているか?」と。

もしも答えがノーなら、**思い切ってシンプルにして、余計なパートは削ってしまいましょう。**

テレビなら、大事なことを「一言」で、少なくとも「ワンフレーズ」で表現しているでしょう。

そして、百田氏の説くように、「面白さ」を工夫して、必ず入れてみましょう。

面白いという意味は、相手に「興味深い」「もっと見たい、聞きたい」と思わせるということです。

これには次のような二つのポイントがあります。

・面白い、興味深い内容

・面白い、興味深い伝え方

「テレビの手法」をあえて意識していくことで、あなたの「仕事力」「ビジネス力」は格段に向上していきます。

言葉のパワーを磨こう

私はプレゼンテーションの研究、指導をしています。ＴＥＤを題材にして書いた『世界の頂点《トップ》に立つ人の最強プレゼン術』（総合法令出版）でも述べたのですが、最近のプレゼンは、「視覚物（スライド）に頼り過ぎ」の傾向があります。

下手をすると、スライドの説明会に堕ちてしまいがちです。

もっと「話す力」で勝負しなくてはいけない、と常々思っています。

ですので、スライドの作り込みは、その道のプロに任せて、私はもっぱら話し方に特化して教えるようにしています。

また、作家の一人として、いつも「歌手」にはジェラシーを抱いていました。

というのは、本一冊書いてようやく伝えられるのかという感動を、歌手はわずか「3分間」で相手に与えることができるからです。

作家としては、一応キャリアだけは百田尚樹氏よりは20年先輩です。

しかし、筆の力だけで、例えば「歌手」や「映像の世界」に勝てているかというと疑問です。

もちろんジャンルは違うという差はありますが、感動させたり、意識を変える、モチベーションを上げるなどということで「勝てているか」というと、必ずしもイエスではありません。

良い作品に出会って、感動して涙してもらうような力が果たして私のビジネス書にあるか？

まだまだです。

もともと、文章は「読んでもらう」という相手、読者の協力なくては成り立ちません。百田氏の長編も同じで、氏もいうように、ページをめくってもらわなければ、そこでオシマイでしょう。

ですから、**「技」のかぎりを繰り出して興味を持続させて、作品の世界に「居させ続ける」努力が欠かせないわけです。**

『永遠の0』の全国書店フェアのインタビュー、「自著を語る」の中で、百田氏は次のように述べています。

「映像のない、文字だけの小説で、一度勝負してみようと思ったんです」と。

テレビの映像は、少なくとも録画やリアルタイムのもの以外なら、あくまでも「一過性」の勝負です。

放送したら、録画して何回も観ることは一般の視聴者はまずしません。

ですので、わかりやすく、

「一番のポイント」とか

「一声でいうと」

といった表現でも十分なのです。

表情や声のメリハリを併せて、

「ものすごい！」とか「一番！」といっても通用してしまいます。

しかし、「本」は違います。

古典なら、何十年、何百年と読み継がれていきます。

しかも、「この本を読もう」という読者の意思がなければ、最後まで読まれないでしょう。

ですので、私は百田氏のチャレンジに共感します。本当に見えないところで努力されたなと思うのです。

百田氏はインタビューの中では、「話し言葉」でテレビ的な答え方をしていることがあります。

一番大切なこととか、一番注意しているなどという表現もテレビ的ではあります。また、そこにパッと答えられるには発想がテレビ的でなくてはいけません。長年の「職業病」かもしれません。

しかし、書き言葉は、「残る」「くり返し読まれる」ことも念頭において表現しなくてはなりません。

話しの名手、名プレゼンターは、必ずしも文章を書いて上手とは限りません。

それは、話し言葉から書き言葉への変換があまり上手でないからです。

例えば、スピーチだけなら、

「ものすごい売り上げで、ドンドン皆さん購入されています！」

で十分です。つまり、一回限りということです。

書き言葉なら、

「一日あたり売り上げが○○円、シェアは△△％で、業界3位です」

と具体的にしなくてはなりません。


百田氏は「テレビ的」で、なおかつ「くり返し読まれる書き言葉」への変換が上手にできている天才といえましょう。

くり返しますが、テレビと小説は違います。

話し言葉と書き言葉も違います。

それを百田尚樹氏は、両立させているから「スゴイ！」のです。

構成を考え、ストーリーをしっかり組む

私は、百田氏のようにはクラシック音楽に詳しくはありません。年に4、5回、コンサートに行くくらいです。

交響曲はストーリーがあります。ベースになる「ドラマ」を曲で、音で表現したものでしょう。

ですから、私のようなアマチュアであっても「あっ、ここでガラッと変わった」とか、「別のシーンだな」というようにわかることは多いのです。

百田氏の小説は、ＢＧＭにクラシックを流して「よしここから場面を変えよう」とか「リズムにのって突っ走る」というメリハリ、勢いをつけて書いているのでしょう。

何よりも、感性に訴えかける音楽の中から、ストーリーをひろい出して、ロジカルに書き出していくことをしているようです。

ビジネスでは、「説明」する場面と「説得」する場面があります。

例えば、商品の機能を理解してもらうために、商品説明をするとか、購入に迷う顧

客に対して、熱意をもって説得して、買っていただくような場面です。

二つは話し方も違いますし、目的も違うわけです。

例えば、力をこめて「ぜひ購入を検討してください！」というのと、冷静に機能を説明して、「おわかりいただけますか」というのは、話し方そのものも、メリハリ、強弱のつけ方も自ずと異なるのです。

ですので、**「構成」を考え、ストーリーをしっかり組んでおく**百田式は参考になります。

ストーリーといっても、どんな商品にもあるかといえば、そうともいえません。

私は、医療機器の営業の方にプレゼンを指導することがあります。

彼らの営業相手はドクターであって、ドクターたちが知りたいのはその機器の機能とか特徴とか使いやすさといった点です。

そこで商品をドラマ風に仕立てて、ストーリーを語っても、「不適切」となってしまいます。「面白く」する必要もないのです。

つまりビジネスシーンでは、百田式をそのままに使うことはできないケースもあるということです。

何でもかんでもストーリーにしては、かえっておかしくなるのは、忘れないでください。

「ユーザーの声で、使いやすさを追求したら、売り上げが2倍になった商品」

とか、

「きっかけは、ほんの小さな主婦の不満からだったのです」

というような、ストーリーに向く商品というのもあります。

その場合は、思い切りドラマチックにしましょう。

商品の機能や価格、耐久性のような「事実」ばかりでなく、そのストーリーを中に盛り込んでいくことで、立派な提案、企画になります。

「ちょっとした誕生秘話がありまして」

とか、

「こんな商品にまつわる物語があるのです」

といった一言を加えたら、顧客もじっくり聞くことでしょう。

「面白そう」「早く聞きたい」と思わせるために、可能な場面では、ストーリーも意識することが大切です。

【コラム】アイデアは雑談から生まれる

私は編集者と企画の打ち合わせをするさい、本題に入る前に雑談をします。

タイムマネジメント本企画の打ち合わせのさいの雑談中、私のキャリアの話になりました。

「ところで、松本先生は昔スゴイあがり症だったとか？」

「そうなんですよ。何とか克服しようと松本式をいくつも考え出して、実行してみました」

「例えば、どんな？」

「相撲の四股や、武道のそんきょの姿勢がありますね。あれをくり返していくと、体の重心が下がっていくんです」

「ハア」

「上がるというのは、本来、おヘソの下、丹田にあるべき重心が、上がってしまい、肩に力が入ったり、顔が赤くなったり、脚がガクガクしたりするんです。だから重心を下げるための工夫が松本式です」

「エー、面白い。その企画いきましょう」

となって、雑談から出たアイデアが、「あがり対策本」となり、かなりのヒットとなったことがあります。

どうしても「この企画」と視野をせばめて思考すると、他にあるいいアイデアに気づかないこともあるわけです。

雑談恐るべし！

といつも思っています。

とはいうものの、いつも雑談で企画が決まるわけではないことは、いうまでもありませんが……。

「探偵！ナイトスクープ」は、25年間の平均視聴率は19・9％といいます。深夜でこれだけの数字は「お化け」といっていいでしょう。

つまり、小説のミリオンセラー以前に、百田氏は、「人の心をつかむ」「共感させる」ことには、実績があるということです。なにしろ、チーフの構成作家を務めてきているわけですから。

この番組だけは、百田氏は今も続けているといいます。

私見では、「テレビ的」な手法を鈍くさせずに、感覚を維持するためには良いことだと思います。


ナイトスクープの企画会議では、ディレクターやプロデューサー、百田氏を含め約20名の参加者が集まるそうです。そして、いきなり本題にいかずに、30分ほどの「雑談」をするのです。それは、「企画にはまったく関係のない話」といいます。

笑いが多いのも、この雑談の特徴といいます。


「頭をほぐさなければ、いいアイデアなんか出ない」

これは、テレビマンの百田氏の言葉です。これは小説でもそうでしょうし、ビジネスもまたしかりです。

頭をほぐして、リラックスできてこそ、集中もできますし、また、アイデアも湧いてくるのです。

先の例のように、私などは雑談そのものが企画となってヒットしたくらいです。

いきなり「時間になりましたから始めます」と会議を始めてはなりません。

是非、雑談タイムを設けましょう。

自分のドラマを作ってアピールする

ビジネスパーソンは、ある意味、自己主張が欠かせません。

「あなた」という人間がどんな人間かを、強くアピールできる人であってこそ、生き残れるといえましょう。

私が、初めて読んだ百田尚樹氏の作品は『モンスター』（幻冬舎）でした。

細かい内容はネタバレになりますから、省きます。

ただ、感想として「何かテレビドラマのストーリーを読んでいるみたいだな」というのが強くありました。

そして百田氏のキャリアを知るにつれて、まさに「ドラマのストーリー」を、テレビ的な面白さの連続という形で小説にしていたのに気づきました。

まさに、ドラマを書いていたのでした。 インパクトがあり、読み手を飽きさせないストーリーを、です。

先の、自己主張が欠かせないという話に戻ります。

ただ自分は「こう思う」「こう考える」というのを主張するだけでは、その他多勢に埋もれてしまいます。差別化するには、

・あなた自身

・商品、サービス、企画

のニつにストーリーがなくてはなりません。

後者については、あなたも耳にしたことがあるでしょう。

例えば、プレゼンにはストーリー、ドラマが必要というようなものです。つまり、ただ商品の説明をするのではなくて、そこに「面白さ」「波乱万丈さ」を含んだドラマを作らなければならないのです。

一番大きなドラマというのは、あなたの人生であって、あなたそのものの生き方が「ウリ」になるのです。

私自身のことは、あまり細かく書いたことはないのですが、いくつかあげますと、

何となくストーリーを感じるでしょう。

・大学に8年間居て、就職浪人を体験
・その間ヨガに巡り合い、インドのアシュラムで1年間修業する
・ヨガ教室の経営者になる
・27歳で著書出版
・その後、研修講師をしたり、ビジネス書の作家として活躍
・ライターをしていたときは、中国系のヤクザに両サイドからはさまれて、ナイフで脅されたというような、ブラックな経験もいくつかある
・就職浪人中は、海外を放浪していて、何回か危ないことがあった

さて、私がいいたいのは、**何も特別なことでなくていいので、あなたは自分自身の生き方をできるだけドラマチックにして、あたかも百田氏の描くストーリーのようにまとめてみよう、ということです。**

自分のいいたいことをアピールする自己主張だけではなく、「あなた」のヒストリー、ドラマをアピールしていく自己主張をしてみてはどうでしょうか？

このところ、「本の書き方を教えてください」という依頼が絶えません。

私は30年業界にいて、１７０冊という著書を世に送り出してきています。ですので、「書き方指導」はいくらでもできます。

しかし、彼らに共通しているのは、「何を書いていいかわからない」ということです。

「これといって書くことがない」と思い込んでいます。

人の役に立つ情報、感心させる話、自分の信念といったところは日々心がけなくては「書けない」のは確かでしょう。

しかし、実は「書くこと」はどんな人にでもあります。

それが、ここでくり返している、

・あなた自身のドラマ

です。

休日にでもまとめて時間をとって、あなたの人生をふりかえってみましょう。

その中で、興味深そうなトピックをまとめていくのです。

誰にでも、子どもの頃にまでさかのぼれば、いくつかのエピソードがあるものです。

そのあなた自身のドラマこそが、人の心を打ち、あなたを強力に印象づけてくれるのです。

そんな差別化の力こそが、これからのビジネスパーソンには欠かせないものなのです。

常にマイナーチェンジを心がけよ

放送作家時代からの百田氏のモットーは、**「同じことは二度とやらない」**です。

これは、小説家になっても徹底していて、「推理小説」「歴史モノ」「人物伝」「ミステリー」などのような、ジャンルを決めての作家ではありません。ミステリーも書けば、ボクシング界の人物伝もあれば、ハチが主役などという発想もユニークなものもあり、短編の名手でもあります。

そこにはやはり、モットーの「同じことは二度やらない」があるようです。テレビ界に長くいた百田氏には、「とにかく視聴者を面白がらせる」ということが、ほぼ職業病のようにしみついてしまっています。

小説を書き始めて、そのテレビ界の職業病はプラスに作用しています。また、モットーのおかげもあり、私たち読者は、「次はどんなジャンルの作品を書くのか」ワクワクすることができるわけです。実際、作品も面白く、楽しめます。しかし、実は「同じモノ」を書かないようにしている百田氏が、実は一番「面白がっている」のではないでしょうか?

これは、私もジャンルは異なりますが「研修」の仕事をしていて、強く感じることです。

「変化」「チャレンジ」があると、それそのものが面白いのです。

研修なら受講者もさることながら、教えている講師自身が楽しんでいるのです。

それは、ふざけているのではなくて、興味をもって取り組めるという意味です。

私の研修テーマは、タイムマネジメント、交渉、スピーチ、プレゼンなどが主だったものです。

しかし、30年近くやってきていますと、コンテンツといいますか、中身はすでに確立されたものとなっています。

ここで選択肢があります。

それは、楽な道と険しい道です。

楽な道というのは、昔の大学の先生のように、「30年ノート」と称されるような「まったく同じ内容」をただ読み上げていくような、情報をただ口から流し出すような形のものです。

これは、とても楽です。

私も、そのやり方ですと、話をしながらも頭の中で他のことを考えることもできます。テープレコーダーのような教え方といえます。

険しい道というのは、**毎回たとえマイナーチェンジ（小さな手直し）であっても、変えていくことです。**

私自身「面白くない」ので、毎回同じ話をするのは避けてきました。

もちろん、研修という中身ですので、大幅に変えるわけにはいきません。

しかし、事例や最新の情報を盛り込んだり、アドリブは毎回変えたりと、30年近くマイナーチェンジは心がけてきました。

ダーウィンの進化論ではありませんが、私は研修もビジネスも、百田氏のいうように「同じことを二度しない」ことが有効だと信じています。

ダーウィンのいうように、生き残るのは「強いもの」ではありません。

研修なら、伝え方・表現が上手で、大きな声、大きなジェスチャーで圧倒するようなパワフルな方法、これも一時なら「元気のある先生」でニーズがあるかもしれません。

しかし、結局、長続きするものではありません。

では、生き残るのは「賢いもの」でしょうか？

コンテンツ、中身が優れている研修は多くあります。しかし、中身だけではやはり不十分なのです。

また、先述のように30年同じようにやっていますと、その内容は、間違いなく陳腐化していくものです。結果として生き残れません。

生き残れるのは、百田氏の**「同じことを二度しない」**というような、マイナーチェンジでもいいので、変化させ、「適応したもの」なのです。

興味を持たせるためのポイント

- つかみを徹底的に研究する
- はじめからインパクトのある話をする
- キリのいい所ではなく、あえて途中で止める
- キャッチフレーズをつけてくり返す
- 「構成」を考え、ストーリーをしっかり組む
- 同じことは二度としない

第3章　使命感、志に学ぶ

あなたの志、使命感を確立する

志というのは、一生を賭けたとしても悔いのない、成し遂げたいものです。

会社でいう社訓とか社是よりも、自分の「人生」までをも併せた、さらに「雄大」で「長期的」なものといえます。

百田氏でいえば、読者が「生きる勇気が出た、面白かった」と思えるような本を書くこと。

「読者に勇気と自信を与える」

「がんばる力を与える」

あるいは、

「小説界のベートーヴェンのような存在になる」

というところでしょうか。

ですので、テレビ的に表現して、構成、ストーリーをしっかり考えるだけでは、真の「百田式」ということにおいては不十分なのです。

あなたは、志、使命感というのが確立されているでしょうか？

中には「志なんて考えたこともない」という人もいるでしょう。

そんな方々に、いきなり「あなたのミッションは？」などといってもピンとこないはずです。

何も考えていない人は、将来の自分を思い描くことから始めましょう。

まずは、
・３年先
・５年先
・10年先
の三つを考えてみましょう。

「どういう仕事をしているか？」

「友人、家族は？」

「住んでいる場所は？」

「趣味は？」

「自己啓発、資格、勉強は？」

「どのくらいの資産があるか？」

「健康状態は？」


というように人生のあらゆる局面から、アプローチしてみましょう。

そこには、あなたの価値観、人生観が反映されているのがわかるでしょう。


中でも「考えてもみなかった」というジャンルについては、見つめ直してみることは、人生においては必要でしょう。

何事もバランスが大切です。

私の今の考えは、

「志、使命感というのは、自分のやりたいことをとことんまで追求していったときに、生まれてくる」


というものです。

ですので、まだ志なんてない……という人は、やりたいこと、好きなことを徹底し

3年、5年、10年先の自分の将来を思い描く

・どういう仕事をしているか？

・友人、家族は？

・住んでいる場所は？

・趣味は？

・自己啓発、資格、勉強は？

・どのくらいの資産があるか？

・健康状態は？

ていくことをオススメします。

百田氏なら、テレビの構成作家業を追求して、徹底してやり続けた結果、「小説」というジャンルに目が向いて使命感も芽生えたということです。

もしもいい加減にやっていたら、小説家百田尚樹は生まれていなかったはずです。

売れることを至上としてみよう

私は作家として、ビジネス書を中心に執筆しています。

「仕事の進め方」や「スピーチの仕方」「ストレスコントロール」といった感じのテーマです。

時々、〝人物から学ぶ〟というスタイルで「人」を取り上げて書くことがあります。

中村天風、スティーブ・ジョブズ、桜沢如一、安岡正篤、相田みつを……。最近は百田氏のように出光佐三をテーマにしたことがあります。

ただ、百田氏のようなノンフィクション風小説ではなく、その人の生き方から学び

「どのようにビジネスに生かせるか」をテーマとしてきました。

他にも、五木寛之やマイケル・サンデル、橋下徹もこのスタイルで書いてきました。

私はどちらかというと、一番目に「自分の書きたかった本が書けたか」を大切にしてきました。

しかし、これから「著者になりたい」という人に対しては、「信じて書きたいことを書け、やがては道が開ける」と説いてしまっていいものかどうか？

百田氏の次のような主張に、私はガーンと頭を殴られたような気がしました。

「本は売れなければ意味がないと思っていますから。売れる、つまり多くの読者を喜ばせることができないのであれば、わざわざ印刷して本にして売る必要がありません」

私は、本当は、これからの人材には、これを目指すよう強調すべきではないかと思いました。本にして売るからには、その必要がなくてはならないと。

それも、著者の自己満足ではなくて、本にする強力な理由がなくてはならないのです。

それも、「読者に対して」です。

私が一時期「出版プロデュース」をしないかといわれて止めたのは、「お金だけ出して、自己PRのために本を出す」というのに大いなる反発を感じたからです。今も、そんな傾向はあるといえばあります。

そんな著者都合、出版社都合ではなく、
日本人に勇気を与えたい！

多くの読者を喜ばせたい！

という、読者を第一として著者があるという百田氏の考え方は、不可欠なのです。

私の場合は10代の頃から、「作家になりたい」と念じて、物を書き続けてきた人間です。

ビジネスのために不本意ながら、ゴーストライターをした時代もあります。しかし、作家としての松本幸夫のプライドは、いつも持ち続けてきました。

しかし、やはり「私」が強くあったのは否定できません。特に20代は、本を書くことで有名になりたいという低レベル（自分に対していうのなら許されるでしょう）なことを思っていました。

改めて百田氏のいうように、「何のためにわざわざ印刷して本にするのか？」その原点を考えねばならないでしょう。

そしてこれは「本」だけでなく、あなたのビジネス、あなたの仕事そのものについてもいえることなのです。

「売り上げを重視しない内容なら、自分の日記帳にでも書けばいい」

これは、百田氏の厳しい言葉でありますが、氏の作家活動に対する真剣さを示しています。

それだけの覚悟があったればこそのミリオンセラーなのです。

モチベーションを上げる仕組みをつくる

たまたま、これを書いている今、社長のためのモチベーションを上げるコツというテーマでＤＶＤを録るところです。

社長に限らず、ヤル気をコントロールして、恒常的に高めて安定させることは大切です。

というのは、ビジネス上の成果というのは、

・仕事の能力

・ヤル気

の二つで決まるといっていいからです。

どんなに能力があっても、ヤル気が高まらないと、成果にはつながりません。

イヤなことがあったり体調を崩したりして集中できないと、前向きな気分で取り組

めず根気が続かないとなるので、当然といえます。

一時的にヤル気を高めるのなら、尊敬する人物の写真や動画を観るという手もあります。

あるいは、ファンファーレのようなにぎやかな曲を流すとか、前向きになれる言葉を口に出すようなこともあります。

しかし、長くヤル気を保つには、

「志、夢などを持つこと」

が一番でしょう。

維新の志士は「日本を変える！」という志を持っていました。

ですので、

「何か今日はヤル気がないなあ」

などとはいっていられないのです。

百田氏は、小説を書くという超集中しなくてはできない仕事をしています。

しかも、「面白く」「飽きさせない」というテレビ的な手法での大作もあります。分量も多いし、質も高めねばなりません。

どれだけ百田氏が小説に集中しているか？　氏は一つの作品を書き終わると、長い時には2、3か月一文字も書かないという状態になるといいます。まさに全力投球です。

私は研修講師をしていて、「ヤル気のないとき」「言い訳をして仕事を先延ばしにするとき」に、どのようにしたら気分が切り替わり、ヤル気が高まるかをディスカッションしてもらっています。

今まで何百回もやってきた結果、一番効果が高いと皆が一致した方法があります。

それは**「周囲に広言してしまう」**ことです。

（ただし、やり過ぎると癖になり、これをしないと先延ばしにしやすい、となりかねないのですが）

取引先に「来週木曜日にお届けします」といって、もしもできなければ信用を失ってしまうでしょう。

部下や上司に対してでも同じです。

「やります！」と広言してできないと、信頼されなくなるので必死になるわけです。

実は百田氏も同様のことをしています。といっても、小説家の仕事は孤独な作業です。一人で物を書きます。ですので、周囲にいうにしても家族しかいないでしょう。

ここは、流行のＳＮＳの活用です。

百田氏は、

「もう１か月も原稿書いていない！」

などと、つぶやくわけです。

それによって自分を奮い立たせて、ヤル気に火をつけるわけです。

相手は家族ではなく、ツイッターですので、下手をすると何十万の人が目にします。

これは、ビジネスで、特定の数人に広言するよりも、ある意味自分に対しての強制力は出てくるかもしれません。
さすが百田氏は「広言して自分を追い込む」力を知っています。
ですが、ツイッターでつぶやかないと書かないというのでは困りものでしょうが……。

私たちの場合、ビジネスで「広言しないとやらない」とならぬよう、ぜひぜひ自発的に行動してモチベーションを上げる工夫もしてみるべきです。

自分の業界に使命感を持て

モチベーションというのは、下がったら上げるというくり返しでは、実は究極の解決策とはいえないのです。
ただ、下がったのを上げることは大切なので、一応私の**「5感に訴える」「5感を刺激する」**というやり方をご紹介しておきましょう。

まず視覚です。

先にも述べましたが、例えば尊敬する人物や好きな有名人の写真、またはｙｏｕｔｕｂｅの動画などを観て、「パッ」と瞬間的にヤル気を高めます。

私はマイクタイソンのＫＯシーンや富士山の写真などを見て、短時間にヤル気の向上をはかることをしています。

聴覚は、ＢＧＭを流すとか、ファンファーレで気分を切り換えるといったことです。

ちなみに、私の研修では、アントニオ猪木の「ＩＮＯＫＩボンバイエ」を流しています。

休憩してリラックスしたあとに、再びヤル気をもって自分も受講者も真剣に取り組むために流します。

ちなみにボンバイエとは、「殺ってしまえ！」というアフリカの言葉だそうで、かなり過激ですね。

また、失恋して落ち込みが激しいときには、ファンファーレよりも、バラードのほうがヤル気の回復が早いのもわかっています。

味覚は、私は「アメ」として、仕事のできたごほうびに、
・おいしい食事
・おいしいお酒
・おいしいコーヒー
を味わうことにしています。


嗅覚は、特にリラックスさせるために用います。

ヤル気は、十分にリラックスした後に高まりますので、アロマのお香をたいたり、入浴剤を工夫して楽しんだりして、ヤル気の回復につなげます。

以前都心の高層ホテルで執筆していたときに、よく外人用の大きなバスタブに、好きな入浴剤を入れてリラックスしました。

すると、そのあとの執筆が加速したものです。

ちなみに、部屋の窓からきれいな富士山が眺められて、視覚からも十分に刺激を得ました。

最後に触覚。

これはなんといっても自分の顔をパンパンと叩くこと。

昔なら、部下を励ますために上司が部下の背中や肩をポンと叩く、というスキンシップ、つまり触覚の刺激でヤル気を高めることもありました。

今はハラスメントということもあり、あまりスキンシップは流行りません。

しかし、（私はいつもやりますが）「握手」することで人間関係はよくなります。

相手へのタッチによって相手のヤル気を高めますと、相乗効果として結果、自分のヤル気もアップします。

さて、このような5感に対しての刺激は、「どうもヤル気が出ない」「ちょっとヤル気が下がっている」というときに、とっさの対応としてやってみましょう。ヤル気が湧いてくるのが体でわかりますよ。

しかし、平均的に「高値」のモチベーションにするためには、このような即効性のあるやり方だけでは不十分です。

例えば一流のスポーツ選手や、学者、名経営者のような「一流人」というのは、あまりヤル気にブレが出ず、「いつも」高いところでキープしているようにも感じられます。

もちろん、百田氏もそうなのですが、それはなぜでしょうか？

それは百田氏なら、

「小説で人々に生きる勇気を与えよう！」

という使命感を持っているからです。

これさえあれば、少々イヤなことがあっても、体調が多少崩れても、ガンバってヤル気をキープできるのです。

モチベーションを上げる5感刺激法

❶視覚 好きな人の写真などを見て、瞬間的にヤル気を高める

❷聴覚 BGMを流したり、ファンファーレで気分を切り換える

❸味覚 ごほうびとして、おいしいものを食べる

❹嗅覚 アロマのお香や入浴剤でリラックスする

❺触覚 顔、体をパンパン叩く

百田氏などは救急車で運ばれるまで胆石の発作と戦いつつ、執筆したのでした。

そのときの百田氏を動かしていたのは使命感です。

「とにかく作品を早く世に出したい！」

という想いが強かったのです。

「日本人に勇気を与えたい」

という想い、このような強い想いが、あなたにあるでしょうか？


まずは、自分のビジネスが属する業界において、「業界を活性化する！」という強い決意を持ってみてください。


すると、小さなことにフラフラ、クヨクヨしなくなってきます。

私も実際、「出版業界の活性化」を念じ、著者、編集者の技術、質の向上を心がけて活動し始めたら、極端にヤル気が下がることはなくなりました。

小さなことを口にする暇はなくなるのです。

先の「一流人」たちは、自分のためにしている研究、経営、プレーそのものが、実は「人のため」になっていることに気づいています。

それを自覚することができているのなら、ヤル気は高めをキープできることに気づきましょう。

生きる勇気を与えるビジネスを

本屋大賞を受賞した『海賊とよばれた男』で、百田尚樹氏は、出光佐三の生き様を描きました。

登場人物はいわば「オジサン」ばかりでしたが、性別年齢を問わず、その主人公たちは「カッコイイ」と映ったのです。

私も読者として、佐三である「国岡鐵造」の生き方には、共感したし、感動したし、涙しました。

週刊東洋経済の「Ｂｏｏｋｓ Ｔｒｅｎｄｓ」のインタビューで、百田氏は、この小説の背景について次のように語っています。

「当時、世のためと考える人たちがたくさんいた。だから奇跡の復興につながる。その後の高度経済成長も数知れぬ『無名の出光佐三』がいたからできた」

戦後の日本の復興に、多くの無名といっていい「出光佐三」たちがたくさんいたということです。

そして、この小説については、

「この物語はそういう無名の人たちを象徴したものだ」

と述べています。

百田氏の小説の一読者として、氏の作品は**読者に「勇気」を与えてくれるもの**と強く感じます。これは何も、「海賊」に限ったことではありません。

そこが、氏の通した一本の芯でありましょう。

『永遠の0』は、震災で心が折れそうな日本人に「生きる勇気」を与えるための「使命感」があって書かれたものです。

だからこそ、「戦争モノ」でなおかつ長編という一般的には売れないであろう本がジリジリと伸びて、ミリオンセラーにもなったのです。

あなたのビジネスも、そう考えてみてはいかがでしょうか？

「金儲け」「ビジネス」に特化してしまっていないでしょうか？

一番の価値は「お金」になっていないでしょうか？

それとも、「日本のために」「業界のために」「多くの人の役に立つために」という、社会的意義を意識したものでしょうか？


出光佐三の言葉に「黄金の奴隷になるな」というものがあります。

しかし、今は「ビジネス」「金儲け」にあまりにもウエイトが置かれすぎてはいないでしょうか？

私の周囲にも、年収1億円プレイヤーがゴロゴロいます。しかも、私よりも20歳以上も若い人も珍しくありません。

私が20代の頃は、世界を相手にビジネスをした後のセミリタイア先はマイアミというのが定番でした。

ビジネスで成功して、あとはゆったりと人生を愉しむ。気候の温暖なマイアミでのんびりすることは、私も憧れました。

また、その手の「成功するため」のセミナーも何回も受けて、受講者としてマイアミに行ったこともあります。

今は、シンガポールあたりが日本に近いし、過ごしやすいので、多くのセミリタイア志望者の「基地」になっているようです。

しかし、ビジネスで巨万の富を手中にした彼らは、実は毎日をのんびりするだけでは、やがて「つまらない」と思うようになるようです。

お金のために働く必要はもうないのに、何か「不足」「不満」を感じるのです。

それは、いうまでもなく、社会的価値、意義のある活動をしたいという気持ちが湧き上がってくるからです。

また、「人から尊敬される立派な人間になりたい」というような志もあるのです。

百田氏のように、スタートから「人々に生きる勇気を与えよう」と決意して、ビジネスをしてみてはいかがでしょうか？

それは、結果として、人生に成功できて、世のため人のためになる尊いビジネスとなるのです。

いい歳をして、ビジネスオンリーの人を見るにつけ、寂しい気がします。

「小説は、人々に生きる勇気を与えないといけない。いろんな人が読んで、生きる勇気と喜びを持ってもらえる作品を書けたらいい」

という百田氏の主張を改めてかみしめてみたいところです。

他人のために生きる

『永遠の０』で、主人公宮部久蔵は、一時家に戻ったときに、必ず生きて帰ると妻に約束しました。

妻のため、そして愛する娘のために。

百田氏も語るように、誰かのために一生懸命生きることができたのが戦前の日本人でした。

そして、戦後の復興期においても、そういう無名の人たちがいたればこそ、20年で日本は復興が叶ったわけです。

比べて今の日本人はどうか？


他人のために生きられるか？

他人のためにガンバれるか？

他人のために一生懸命になれるのか？


これを本気で自問しなければなりません。

相対性理論で知られるアインシュタインが記者から「人は何のために生きているの

でしょうか？」と、問われたことがあります。

するとアインシュタインは、当然のように即答したといいます。

「それは、他人のためですよ」と。

あなたは、「他人のため」に何かしていますか？　他人が喜んでくれることが、あなたの行動の原動力となっていることがあるでしょうか？

百田氏のいうように、戦後の驚異的な復興は、この「日本のため、日本人のために」という、自分のことはとりあえず置いておき、他人のためにがんばろうという「利他」の精神を持った人々のおかげでしょう。

私は自分のため、生活のためのビジネスは、ある程度できたら十分と思います。ビジネスをするのが自分の目標、志というのなら、それはまったく構わないと思いますし、名経営者の中にも、経営が人生という人はいますから、それはすばらしいと思います。

自己表現しているわけです。

しかし、ビジネスと併せたいのは、社会的な意義、価値であり、くだいていえば「世のため、人のため」ということです。昔の日本人の持っていた美徳です。

それは、「立派な人間である」ということです。

世のため、人のために生きているかを考え、自分の行っているビジネスは果たして「人の役に立つのか?」と問い直すべきでしょう。

孟子は、「先義後利」と説きました。国を治めるために大切なのは、「お金、利益」ではなく、「大義名分、志、国を良くしたいという想い」なのだということです。

最近、ビジネスに特化した著者を見かけます。

私の20代の頃には、存在していなかったネットビジネスでの長者も多くいます。

よくそういう方々とのジョイントの話がきますが、私は、社会的な価値のあるものでなければ、いくら大きなビジネスであろうと断ることにしています。

ビジネスとして「適正価格」であることが望ましく、相場からかけ離れているのは、「?」とせざるを得ないのです。

そうでないと、百田氏の描いた国岡（出光佐三）のような、世のため人のためにがんばって生きた戦後日本を復興させた方々に申し訳が立たないでしょう。

もっといえば、戦後日本をあまりにもビジネス優先の人だらけにしたなら、戦争で亡くなった方々に、何もいえなくなります。


百田氏の小説の主役は、「他人のために生きる」ことをいとわない人々です。

勇気と信念をもって生きる。

それは、間違いなく戦後日本人の精神的支柱の一人でもあった、中村天風の強く説いたものでもあります。

勇気と信念をもって生きよと。

私は中村天風の研究も長く、ベストセラーの著書もあります。天風は、勇気や信念についての言葉を「誦句《しょうく》」として遺しています。

紹介しておきましょう。

勇気の誦句

自分はこの世に作られたものの中で、一番優秀な霊長といわれる人間ではないか。

しかも人間の心の力は、勇気というものでその圧力を高めるのが、人の生命に与えられた宇宙真理である。だから今日からの自分は、如何なる場合にも断然勇気を失うことなく、特に自己の本能や感情の中で、自他の人生に泥ぬるが如き価値なき低劣な情念が発生したら、それに立派に打ち克ち得る強い心を作るために、大いに勇気を煥発することに努めよう。

そうだ、終始一貫、勇気勇気で押し切るのだ。

「天風誦句集（一）」財団法人天風会総本部より

信念の誦句

信念、それは人生を動かす羅針盤の如き尊いものである。

従って、信念なき人生は、丁度長途《ちようと》の航海の出来ないボロ船の様なものである。

かるが故《ゆえ》に、私は真理に対してはいつも純真な気持で信じよう。

否、信ずることに努力しよう。

もしも疑うて居る様な心もちが少しでもあるならば、それは私の人生を汚そうとする悪魔が、魔の手を延ばして、私の人生の土台石を盗もうとして居るのだと、気をつけよう。


「天風誦句集（一）」財団法人天風会総本部より

勇気と信念をもって生きること。

他人のためにそれができる人が増えたなら、さらに日本の復興は早まるでしょう。

言葉の力を活用する

出光佐三は、戦後の焼野原を目にしてわずか2日後に、社員にはっぱをかけました。

その中に、「愚痴をやめよ」というフレーズがあり、これに百田氏はグッときたのです。

というのも、本人も述べているように、百田氏は愚痴をこぼしてばかりいたからです。

「このくだりを見つけたときには、体が震えるような衝撃を覚えました」

「まるで自分自身が叱咤されているような気持ちになった」

というのです。

ややジョーク風に『婦人公論』のインタビュー中、こうも百田氏は述べています。

「こう見えて、愚痴は多いわ、弱音は吐くわ、人の悪口はいうわ、僕はこの三つで生活が成り立っているようなものですから（笑）」

私たちは基本的に、言葉で考えています。

また、自分で口にした言葉は、しっかりと自分の耳に入ってきます。

ですから、日々、口にする言葉は常に肯定的に、というのは、「心」を強化したい人のアイアンルールなのです。

私は中村天風の研究をする中で、彼が「言葉の力」をくり返し述べていることに気づきました。

また、いくつも「言葉」にかかわるエピソードも述べています（詳しくは『図解・速習　中村天風に学ぶ』〈総合法令出版〉参照）。

天風が当時の死病で進行の早い結核に犯されていたとき、インドのカリアッパ師に出会い、何年にもわたる修業をインド山中で行いました。

カリアッパは、百田氏のように、自分の体調の悪さを口にする天風に対して叱りつけます。

「お前はどうして、最高です、気分がいいですと答えないのか！

お前の体調のすぐれないことなど見ればすぐにわかる。

嘘でもいいから、いい言葉を口にしなさい。

たとえ、体に病があっても、心まで病ますな！」

言葉が心をつくる、言葉が人生をつくる、ということです。

仮にネガティブなことを口にしてしまっても「……と昔はいったが今は違う」とか、「昨日、ものすごく頭痛がした」といういい方にしてしまうなど、天風の言葉に対してのこだわりは徹底していました。

出光佐三が、「愚痴をこぼすな」と社員に説いたのは、まだ目の前には焼野原しか見えない、終戦2日目のことでした。

どうしても、否定的なことを口にしてしまう状況です。それをあえて佐三は「愚痴」を口にしてはいけないというのです。

言葉の力、すごさを知っていたからです。

日常的に愚痴、弱音、悪口のオンパレードだった百田氏は、この佐三のエピソードによって、おそらく「口にする言葉は肯定的にしよう」と徹底したことでしょう。

それが氏の心構えを変えていき、ミリオンセラーの原動力となったことは否定できません。

強い一念を持つ

百田氏の言葉の中で、私は「ビジネスにも、こんな気持ち、想いで取り組めば、願いは叶うな」と思ったものがあります。

それは、「出光佐三という人物のことを、どうしても現代の日本人に広く伝えたい、その一心で書きました」というものです。

これは、百田氏が、『海賊とよばれた男』を書いた想いを語った言葉です。

あなたは、自分のビジネスについて、どれほどの熱い想いをもって、**「この一心でしています」**といえるでしょうか？

どうしても、この商品の良さを知ってもらいたい、どうしても、このサービスをわかって欲しい、どうしてもこの企画を通したい……。そんな百田氏のような一念があるでしょうか？

ある故事に次のような話があります。

山中に迷いこんだ狩人が、暗闇の中、突然、熊に襲われました。

すでに狩で矢を使ってしまっていて、残り一本の矢しかありません。

集中して、必死の力で熊の喉もとに矢を放ちました。

すると、矢は見事に熊の急所をとらえ、熊は絶命しました。

ところが、月光に照らされた熊は、よく見ますと、大きな岩だったのです。

この熊を倒さなくてはという狩人の一念が、岩をも貫いたのです。


強い一念があれば、たいていのことは叶うのではないでしょうか。

しかも百田氏の「現代の日本人に広く伝えたい」というのは、無私の心であって、儲けようというビジネスのためではありませんでした。この心は強い。

そして、百田氏は、出光佐三のみならず、同じ思いをもってファイティング原田も取り上げました。

どの小説でも同じなのは、**逃げずに戦い抜くことの素晴らしさ**をうたっているということです。戦い抜く姿は、人の心を打つことを忘れてはなりません。

『永遠の0』でも、『風の中のマリア』でも『ボックス』でも、百田作品に共通しているテーマは、逃げないで勇気をもって闘魂をもって、戦うというものです。

百田氏はこう述べています。

「いずれも僕の心の琴線に触れたのは、どんな苦境に立たされても逃げずに戦い抜く姿でした」と。

使命感を持って戦う。

これは、ややもすると私たちが忘れてしまいがちな、しかし人間として不可欠な心でしょう。

下手をすると、我欲のために、使命感もなく、戦わず逃げるとなりがちです。

「人のために頑張れる人間」

魅力のある人は、そういう人物であると、百田氏は語っています。

周囲のモチベーションを上げる

時々、「社長のモチベーションを上げるには」というテーマで講演やセミナーの依頼を受けます。

社長のモチベーションは、次の三つのポイントを意識してみると高く保つことができます。

1、起業したときの心を思い出す

これは、モチベーションが下がった時点で、やるべきことです。

オーナー社長のみならず、出世して社長になった人も、なりたてのときにヤル気のない社長など一人もいないものです。

そのときの心を想えば、今の自分がなさけなく思えて、いやがうえにも、モチベーションは上がるものです。

2、ヤル気の5W1Hを分析する

あなたはどんなときに、自分がヤル気になるか、知っているでしょうか？　いつでしょう？　これは、タイムマネジメントでいうプライムタイムにもかかわります。

つまり、1日の中で一番能率の上がる時間帯ということです。同スキル、能力なら、プライムタイムにやれば少ない時間で成果は大きくなります。

「どんなテーマで、誰と組むとヤル気になりますか？」

「どこで仕事がヤル気になり、はかどりますか？」

というように、5W1Hを分析していくことで、モチベーションがコントロールできるようになっていくのです。

3、社員との相乗効果を忘れない

社長のモチベーションが上がっても、それだけでは不十分なのです。

仮に社長のヤル気がイマイチであっても、社員に活気があり、ヤル気にあふれていると、必ず社長自身の下がったモチベーションも上がっていくわけです。

ですから、恒常的に社長としては社員のモチベーションを上げる工夫をしなくてはなりません。

ただし、アメとムチを外部から与えるのは弊害も大きいし、一時的なモノと心得てください。

インセンティブはアメです。

「売り上げ目標を達成したら、外国旅行や臨時ボーナス」というやつです。

しかしこれは、くり返すと「ありがたみ」がなくなっていきますし、モチベーションを上げる効果も薄くなります。

あるいはムチ。

これは、達成できなければ、給料を減らすとか、降格するというパターンのものです。

一時的には、「大変」なので、がんばります。しかし、これは「恐怖政治」のようなもので、長くは続きません。

一番は、やはり自発的に、創造力を発揮できることが喜びとなるような工夫をして、システム化してしまうことです。

つまり、アメもムチも与えるのでなく、本人自らがモチベーションを上げていくのが理想なわけです。


百田氏は、自分の小説について、読者が読み終えて、

「いい話だったな、よし明日からガンバロウ！」

と思えるような作品を書きたいと強く願っているといいます。

読んで「よし、ガンバロウ」と思える小説。

それは、周囲の、読者のモチベーションを上げるということに他なりません。

成功哲学の大家だったアール・ナイチンゲールのいうように、**世の中というのは、多く人々に与えた人が多くを得るという一面が強くあります。**

つまり、人々を多く感動させるスポーツ選手が、多くの富を得るようなことです。

百田氏のように、多くの人のモチベーションを上げていくことを至上としている作

品が、多く受け入れられ、ミリオンセラーになるのも当然といえましょう。

そんな想いで、ビジネスに取り組んでみてはいかがでしょう。

新しい道が拓けてくるはずです。

BGMを活用せよ

百田尚樹氏は、クラシック音楽のファンといいます。所蔵のレコードやCDは2万枚を超すほどで、マニアといっていいでしょう。

氏の場合特筆すべきは、小説の創作中に、BGMとしてクラシックを流しているということです。

クラシックやシンセサイザー、自然界の海、川のせせらぎ等の音は、いわゆる「右脳開発」につながり、創造力が増すといいます。

百田氏の創作の秘密は、ここにもあります。

（私などは、子どもが小さい頃の「騒々しさ」がBGMでした。または、テレビがついていたり、来客があったり、近くの小学校のにぎやかな音があったり。せめてクラシックをかけていたら、百田氏並のミリオンセラーが出たのかもしれません〈笑〉)

ちなみに、『永遠の0』のラストシーンを書くときは、数分ある曲の間奏部分だけをエンドレスでかけ続けていたといいます。「カヴァレリア・ルスティカーナ」が、その曲です。しかも、涙をこぼしながら書いたそうです。

一度聴いてみる価値はありますね。

ＰＨＰ研究所から出されている『至高の音楽』（ＣＤ付）の中に、収録されていますので、興味のある方は、是非どうぞ。

百田氏のクラシック好きは、作品をよく読みこむと、実は暗号のように記されているようです。

『風の中のマリア』という作品の中で、登場するオオスズメバチの名前を、ワーグナーの「ヴァルキューレ」の中から借用しているそうです。

百田氏は、戦場の女神であるヴァルキューレを、オオスズメバチの過酷な生からイメージしたといいます。羽化後、30日の生をも全うできない、メスの働き蜂と通ずるところがあるというわけです。

作中のオスバチも、このヴァルキューレの中のジークムントが名乗った三つの名から借りていたのでした。

百田氏が青年時代に、何十回と聴いて勇気づけられたのが、ベートーヴェンの「第五交響曲」です。スタート時の「ジャジャジャジャーン」は、クラシックファンでなくとも知っているでしょう。

百田氏がクラシック交響曲を聴くときには、併せてストーリーも思い描くそうです。それを何十年とくり返していているそうです。

第五交響曲については、氏自身が「小説を書くときには、この曲のような作品を書きたい」と語っています。

「私自身が『第五交響曲』を聴いて、『生きる勇気』と『生きる喜び』を得たように、私の作品を読んだ読者にも同じものを感じてもらいたいと願っている」（『至高の音楽』ＰＨＰ研究所）

そして、

「彼こそは、私の永遠の目標である」

これは百田氏の語られていなかった創作の本音ともいえましょう。

さて、百田氏のように、何万曲を何十年とくり返し聴くことで、クラシック音楽の聴くことのプロになれるでしょう。

しかし、私のように、クラシック音楽にうとい人間は、いきなりそのレベルには達せられません。また、読者の中にも詳しくない人はいると思います。

あくまでも、「百田氏から学ぶ」というスタンスなら、可能な方は、クラシック音楽をＢＧＭに、仕事をしてみてはいかがでしょうか？

他でも触れましたように、ヤル気を出すのにファンファーレをかけるとか、心を安定させるためにシンセサイザーをＢＧＭとして流すように活用していくことは、私たちにもできるはずです。

音楽を聴くことによって、文字、論理という「左脳的」な活動に「右脳的」な力も加えることができ、バランスのとれた脳の使い方ができることになるのです。

「ベートーヴェンのような、人々に勇気を与える小説家になる！」と、50歳の百田氏は強く誓ったものと私は推測しています。それは、氏の創作の強い原動力といえるでしょう。

【コラム】集中とリラックスのバランスをとろう

百田氏もそうですが、作品を「創作」するには、極度の集中力が欠かせません。しかし、意外に忘れられがちなのがリラックスです。

集中したらリラックス、くつろいでリラックスしたあとは逆に集中する。このバランスが上手にできる人こそ創作の達人なのです。

実は、この原稿は温泉宿で書いています。直前まで地方で研修会をしていて、グッと集中して仕事をしていたので、そのまま都心にいては、なかなか原稿が書けないと思ったからです。

普通は、「仕事をするのはタブー」にして、携帯をいじるのは「カメラを使うとき」くらいで、情報断食も併せて行います。

情報断食とは、情報のインプットや、ネットを「断つ」ことです。たとえ「半日」でも、頭がリフレッシュされます。何よりも、リラックスできて、ストレスがスーッと軽くなります。「メールチェックしなくちゃ」というのは案外、ストレス度を高めているのですね。

情報断食中は、「自分の頭」で考えるしかないので「脳力」を磨けます。ぜひ一度お試しあれ。

先に述べたように、百田氏は、執筆という緊張、ストレス度、集中力が高まっているときに、よくクラシックを聴くといいます。

クラシックやシンセサイザーのような、歌詞の入らない音楽は、「右脳開発」になるのだという専門家も多くいます。あまり、艶歌風ですと、情が入るフレーズや、詞がありますから、なかなかそうはいかないでしょう。

百田氏に学んで、BGMを流してリラックスすることも意識してみてください。

古来、リラックスできる場所は、アイデアの湧く場所といわれます。

中国の欧陽脩《おうようしゅう》は、『帰田録《きでんろく》』の中で、アイデアが湧くのは「馬上」（馬・乗り物の上）「厠上」（トイレの中）「枕上」（ベッドの上）の三上だと説いています。ご存知の方もいるでしょう。この〝三上〟の話は、場所を変えると発想が出やすくなることを示しています。

あるいは、アルキメデスは、公衆浴場で湯に浸かっている最中に、アルキメデスの原理を発見し「わかった！」と叫んだともいいます。

リラックスできる環境がヒラメキがやってくる場所といえましょう。


ここでの大きなポイントがあります。

それは、リラックスできる場所というのは、イコール「集中できる場所」でもあるということです。

馬上は、今ならさしずめ飛行機や新幹線の車中といえるでしょう。私も、年間200回ほど研修に飛び回っていたときには、さんざん利用していました。

多くのビジネスパーソンが、出張の移動中、眠ったり、飲酒オンリーなのは、もったいないと思います。

私も、初期は「アウトプットのチャンス」と思って、原稿や企画書を書いていました。

しかし、本当は、リラックスして、「アイデアを出す」とか、「発酵」させていくためのチャンスなのです。

今、私は移動中に「書く」ことは、まずありません。プチ瞑想をして、「アイデアを湧かせる」いいチャンスにしています。

まずは百田氏にならって、ＢＧＭでリラックスすることから始めてはいかがでしょうか？

個人ではなく公のために

生涯戦績58戦48勝20ＫＯ、８敗２分けという成績をのこした、日本人として初のボクシング世界フライ級王者だったのが白井義男《しらいよしお》氏です。

「カーン博士」で知られる、白井氏のコーチが、アルビン・ロバート・カーン氏です。

ボクシング選手ではなかったカーン氏が、白井氏を教えるにあたっての経緯も面白いのですが、ここでは割愛します。

さて、そのカーン氏が白井氏に語った言葉、**「個人でなく公のために」**は、百田哲学そのものでもあります。

私たちにも、こんな考えがあったなら、ビジネスオンリーでなく「立派な人」になれるのです。

「ボクシングでビジネスをするな」というのも、カーン氏の教えの一つです。

「義男、君は自分のために戦うんじゃないよ。

君がこの試合に勝つことで、日本人に自信と勇気を取り戻させるんだ！」

1952年9月、まだ「戦後」間もないといっていい、そんな時代の、カーン氏の言葉は心に響きます。

個人のためのビジネスではなく、公のために仕事をすること。そして、その仕事に使命感を持ち、やりとげていくこと。

使命感は、イコール、日本人に自信と勇気を取り戻させること。それはもう、そのまま小説家としての百田尚樹氏の生き様そのものでしょう。

人生で持つべきものは恩人

あなたには、師と呼べるような人物がいるでしょうか？

他でも触れましたように、私には20代のときのヨガの師匠、20代後半からのプレゼンの師匠、そしてその間ずっと武道の師匠を持っていました。

しかし、「師」とは別に、人生で持つべきものは恩人、ということに、この頃ようやく気づきました。

私は（過信もありましたが）、20代から原稿を書くことについては、自信がありました。

また、同様に、人前でのスピーチも、大の苦手であがり症だった10代の後半から比べると、相当の自信を持っていました。

先日、プレゼンの先生が古希をむかえられて、その席上で次のようにおっしゃっていました。

（通常、私のことはマッチャンと呼ぶのですが、周囲に人が多かったので、さん付けになっていましたが……）

「松本さんがウチに来たとき、僕がスピーチに自信はあるんですか、と聞くと、ハイ、自信があります！　と本当にいっていたんだよ。覚えていないかもしれないが」と。

そんなことをいったかどうかは忘れてしまいました。30年も前のことですので。しかし、それだけの自信はどうやら持っていたようです。

しかし、自信と実力さえあれば十分かというと、そうではありません。

俗的ないい方ですが、「世に出る条件」というのは、それだけではありません。

どこかで、「恩人」とでもいうべき人との出会いがないといけません。

あなたには思い当たる人がいるでしょうか？


私の第一の恩人は、植西聡氏です。『「折れない心」をつくるたった1つの習慣』（青春出版社）などのベストセラーを持つ作家です。

当時は、一人出版社の社長さんでした。

「いいですよ、ウチで出しましょう」

と植西さんがいってくれなければ、ビジネス書作家としての私はいません。間違いありません。

そして、もう一人の恩人は、当時、ＰＨＰ研究所の重役だった江口克彦氏です。

私は、植西さんが出してくれた処女出版の『ツキを呼ぶ信念の魔術』（ウィーグル）を、50冊ほどあらゆる大きな出版社、雑誌社に送りました。一方的に送りつけたといっていいでしょう。

しかし、名も知らぬ男の本など、目にもとめられません。

返事はわずか3通。

1通目は、芸能プロダクションからの苦情でした。当時、デビューしたてのNという若手女優を、信念の力で成功したと本の中で事例としてあげていたのですが、それに対して「許可をとって書いてください」ということでした。

宣伝にもなったし、悪い内容でもないのに……。

他の2通は、「恩人」たちからのものでした。

1通は、今は内科医師としてプラセンタ医療をしている、吉田健太郎氏です。当時は学生で、ヨガ道場の仲間でした。

「松本君、すばらしいですね。がんばってください」

という励ましでした。ちなみに吉田氏は、その後も本を出す度に、励ましてくれています。

励まされるというのは、四面楚歌の中で大きな勇気を湧かせてくれます。

もう一人が先述の江口克彦氏です。自筆の青インクで書かれた手紙でした。

具体的に内容に言及されていて、信念を持って書き続けてくださいとありました。

もしもこの恩人たちから無視されていたら、50冊送ってクレームの手紙一通が反応のすべてです。

「もうヤメタ」となる可能性も実はありました。

江口氏が後にＰＨＰの社長になられたのも、そのような、見えない所で人に力を与えていたからこそ、でしょう。

ちなみに、その後、ＰＨＰで7、8冊出版できて、ほんの少し恩返しができたかなと思ったりもします。

三人の師と恩人を持て

さて『永遠の0』の出版における百田尚樹氏の恩人の話です。

現、太田出版社長の岡聡氏が百田氏の恩人です。

原稿を持ち込んだ他の大手出版社では、

「戦争モノは売れない」

とか、

「長編はムリ」

というように、１０００枚以上の力作に対して、あくまでも思い込みで「売れない」と考えたのでした。

最後にツテを頼って持っていったのは、太田出版でした。当時はまだ社長ではなく、編集をしていた岡氏の決断がなければ、『永遠の０』は世に出なかったのでした。

岡氏はもちろん、「売ろう」ということは強くあったでしょう。

しかし、「この作品は世に出す価値がある」「多くの人に読んでもらわないといけない」というような、使命感も同時に強くあったはずです。

そうでなければ、他の出版社のように、「出さない」という結論になっていたことでしょう。

考えてみますと、私の恩人の一人、江口氏にしても同じです。27歳の若者の処女出版に対してなど、何の返事も返さなくてもいいのです。

しかし、もしもそこに「使命感」らしきものがあったなら、「志ある若者を励ます手紙をしたためる」というのは、やるだけの価値がある行動だったのかもしれません。

実は、私も若者から本を贈呈されることはよくあります。

申し訳ないなとは思いますが、すべてに必ず手紙を出しているわけではありません。言い訳は「忙しいから」です。

しかし、今の私が、当時の江口氏より忙しいとはいえません。使命感に欠けているわけです。20年後の「松本幸夫」のために、やはり贈られた本には、励ましの手紙を送り返さないと、業界の活性化は、口だけになりかねないと自戒しています。

心がけたいのは、

- **3人の師を持つこと**
- **3人の恩人を持つこと**

です。

といっても、あまり難しく考えすぎないでいいのです。

人生というのは、がんばって自分のやるべきことをやり、好きな分野に没入していきますと、不思議と、師や恩人に出会うようにできているようです。

そのときには、そうとはわからなくても、後になって振り返ると、確かにそうだなあとわかります。

百田氏は、「何としてもこの本を世に出したい、日本人に勇気を与えたい、戦争について風化させずに知ってもらいたい」という使命感によって行動したときに、恩人と出会えたのです。

人生で会うべき人には、会うべき時に、必ず出会える。

森信三

2足のワラジ発想をする

「2足のワラジ」で仕事をしている人というと、誰を思い浮かべるでしょうか？
いうまでもなく、百田尚樹氏もそうです。「小説の作家」ということなら、むしろ新しく、もともとはテレビの構成作家業がメインといえましょう。

私も、ビジネス書作家と、研修講師を兼業しています。
メリットは、

- **相乗効果がある**
- **気分転換になる**
- **収入の保険になる**

等々です。
2足のワラジのメリットは大きいのです。
私はビジネス書を書くにあたって、現場のビジネスパーソンが、どんなことに興味を持ったり、どんな悩みを抱えているのかを、研修講師をしていく中で知っていくことが大きく役立っています。

しかも、これを意識して行うと、情報の集まり方が全然違うのです。

これは良い相乗効果といえましょう。

また、一つの仕事に集中していると、発想が行き詰まったり、視野が狭くなってしまうことがあります。

しかし、2足のワラジですと、他方の仕事に入ると、すぐに気分が切り替わり、気分転換になります。また、冷静に、もう一つの仕事を外部から観察して、客観視できることにもなります。

友人のサイトに、私はペンネームでもう３００回近く、メルマガを書いています。

一応「生き方のヒント」としているのですが、「社員研修ドットコム」というサイトですので、半分近くは「研修ネタ」でしょうか。

ただ、そのメルマガを書いているときには、ビジネス書作家の眼ですので、かなりシビアに研修講師のことを述べられるのです。

これも2足のワラジの良い点でしょう。

講師だけが「飯の種」ですと、あまり批判的なことは書きにくくなるものです。

しかし、作家という別の角度から眺めることで、新たな発想も出ます。

私は「作家だから」という意識になり、あえて「研修講師」のあり方を批判したりするのです。

10年1日のごとくやっていてはダメとか、アンケートの結果だけを気にするのでなくて、真に受講者のためになる研修をしろ、などというのは、「講師だけ」で生活していると、なかなかいいたくてもいえないのです。

百田尚樹氏は、作家へとシフトはしたものの、テレビの放送作家は、一つだけですが続けています。ですので、2足のワラジ効果は十分にあるわけです。

百田氏自身、テレビと小説では、ジャンルが違うことは十分にわかっているわけです。

私も思いますが、作家の仕事は、基本的に孤独です。誰かとガヤガヤ騒いで行うのでなく、一人で「書く」ことに集中します。

使命感を持って集中している百田氏は、執筆を優先するばかりに、救急車で三度も運ばれたとか。しかし、一人で行う仕事であり、他の人が代わりにできるものではありません。

百田氏の『夢を売る男』（太田出版）は、出版界がテーマの作品です。

今の出版界の問題を、ズバッと斬るといいますか、提起しています。これも、作家本人としてはなかなか書きにくいことです。

ストレートにいってしまえば、「知名度を上げるために本を出したい人がいて、お金さえ出せば本が出せることがある」ということです。

このあたりを百田氏は、上手に「ブラック」ユーモア的に書きました。自分のことも、批判的なスタンスで話に入れたりもしています。

しかし、この余裕は、やはり２足のワラジ効果によるものであり、作家の他に、ワイワイガヤガヤやって皆で作品を作り上げていくテレビの世界の仕事があればこそでしょう。

時として、2足のワラジ的発想をして、客観的に仕事を見つめ直す時間をとってみましょう。

ムラのあるタイプに学ぶ

百田氏は、「ムラがある」タイプです。

つまり、原稿を集中して書いてしまうと、あとは抜けガラのように、何週間も書かない、書けない日が続くというようなタイプなのです。

私も同じで、毎日同じ枚数をコツコツと書いていくタイプではありません。芸術家の創作と似ていて、全身全霊をかけて書きますから、毎日枚数を決めてというのは、やろうにもできないのです。

この「書く」ことを仕事に置き換えて考えてみましょう。

「ムラ」のあるタイプは、ビジネスでは困るかもしれません。波があるからです。

しかし、平均的にあまり成果も出せずにソコソコよりも、波はあっても驚くような成果を出すビジネスパーソンは強く求められているのではないでしょうか。

また、違ういい方をしますと、「大きな成果」を出す人は、ダメなときもあり、波があるということです。かつてのアメリカのホームラン王だったベーブ・ルースが、実は三振王でもあったのにも似ています。

ホームランという成果はあっても、三振というアウトの可能性も高いのです。

それでも、ホームランの打てるビジネスパーソンは必要ではないでしょうか？

百田氏は、これではイカンとツイッターにつぶやいて、自分を追い込むようなこともしているわけです。

つまり、公言してしまうことで、「書かないといけない」という状況に自分でするわけです。

波のあるタイプの人のほうが、「何とかしなくてはいけない」と思うようです。

百田式のように、ツイッターで「公言」してしまって追い込むと、成果が出やすいタイプなわけです。

コツコツできる人は、少しずつ毎日できるタイプなので「ワーッ」と仕事に集中する感覚は持ちにくいものです。

しかし、ムラのある人はイコール、極度に集中できる人、大きな成果の出せる人なのです。

自分でそれをコントロールしてヤル気の底上げをはかり、波を小さくしていく工夫をすると、ビジネスでその強さは目立つようになります。

人間の器を大きくする大基本

経済界の主幹で、経済人に多大な影響を与えた人に、佐藤正忠氏がいます。

私は、氏の『学生易者』の初版本を愛読していて、氏が亡くなる前に秘書の方を通して、ようやくサインをしていただきました。

氏から、私が若い頃に、「松本君、人生、次の三つを体験すると、器が大きくなるんだよ」と教わったことがありました。偉い経済人の言葉だといわれました。

それは、
一、大病
二、投獄
三、浪人
の三つです。


大病しますと、人のありがたさ、本当に信頼できる人は誰かなどもわかります。

私は「中病」ぐらいしかしたことがありませんが、それでも「縁のない人」「信用できない人」というのは去っていくものです。その人の権威や、力が欲しいだけの人が大病によってよくわかります。

亡くなった父も病気をし、復帰が難しいと思われていたころ、自宅によく来ていた部下の何人かは、他の実力者、派閥にべったりしだし、「転向」した者もいました。

ところが、父の回復が驚異的で、再び元のポストに戻ったときに、転向組の何人かは他社に転出していきました。

逆に、大病になっても、本当の「味方」はずっと力を貸してくれて、離れたりはしませんでした。

身内のエピソードですが、そんなことがわかるのも大病したればこそなのです。


投獄は、何も悪いことをしろというのではありません。

先の佐藤正忠氏も、選挙にかかわることで投獄されたことがあります。

私は投獄はありませんが、裁判をしかけられたことはあります。司法の限界も知りましたし、本当には「業界人」にしか、業界の慣習などは理解できないのだなという気づきもありました。

自分の人生を見つめ直す、再び新たなスタートを切るための「きっかけ」にもなってくれるとポジティブにとらえるのです。

ホリエモンの例を出すまでもなく、投獄が人生の一大転機になり、生き直すきっかけになることは本当にあるのです。

また、20代前半当時の私は仕事もせずにフラフラしていましたので、武士がどこにも所属していないという「浪人」のようなものでした。

しかし、どこにも属さないということは、「松本幸夫」という人間だけで勝負しなくてはなりません。

私は、自分勝負ということで力をつけられた8年の浪人生活に感謝しています。

また、この頃の体験がなければ、今の「本を書く」ようなことはできなかったなと思います。

通常この三つは、「テレビドラマ」のネタにもなるテーマでしょう。また、どちらかというとイヤなこと、マイナスにとらえられるものです。

しかし、実は**「人間の器を大きくする」**きっかけととらえたらよいのです。

あなたが実際に体験をしなくても、人生を見つめ直し、人間関係を深く考えることができたなら、あなたの器は確実に大きくなっているのです。

信念のもとに生きる

昔、ある先生に、「松本、頭、体、心を磨いて充実させたら人生は成功できる」と教わりました。

頭……知力
体……体力
心……気力

というように、私は今、理解をしています。

作家と研修業をしている私は、命綱は「知力」です。これは中身、コンテンツ、内容といえましょう。

しかし、昨年、少し病気をしてからは、やはり健康、体力については、常に気配りをしておかねばなるまい、と決心しました。

体は活動の源ですし、長く現役でバリバリいきたいからです。

そして、気力ですが、これは一番肝心ともいえます。もちろん三つをバランスよく充実させておくのが理想です。

しかし、万一、体力や知力が「今一つ」でも、気力さえまともなら、大丈夫でしょう。

そして、そのベースになるのが、**信念**です。ここがしっかり不動であり、その上に気力、体力、知力が充実していたなら、世界を変えられる、恐れるものはないと、私は信じています。

私は百田氏のファンなので、彼の発言、行動は全肯定です。また、氏の信念のもとに行動する姿には、頭が下がります。

果たして、自分であそこまでできるのかなと自問しています。

信念のもと、よほどの勇気、覚悟がないとできないことを百田氏はしています。

それは、**現状に甘んじない、安住しない**ということでもあります。

ベストセラー作家であり、人に知られるようになり、生活も安定してきたはずの百田氏は、人によっては、「そのままでいい」と思うでしょう。

あるいは、「作家活動」に専念していって、それでいいのではないか、と思うでしょう。

たまたま、本稿を書いているときに、ＮＨＫの経営委員としての百田氏の言動が物議をかもしています。

まあ、もともと不偏不党、中立公正などということは、不可能です。誰でもどちらかに何らかに偏っているものです。

不偏というのも、「偏ってはいないという偏り」です。

「作家」だけに甘んじるのなら、百田氏は静かにしていればいい。しかし、氏の中には「やむにやまれぬ」という心があるのです。これはもう理屈では、おさえがたいものです。

政治的な発言は作家活動にはマイナスです。

街頭演説で、都知事選挙の応援演説の中で、東京大空襲や東京裁判のことを堂々と口にする。私もチョロッと書くくらいのことはあっても、さすがに勇気をもって人前で話すことはできないのです。

しかし、あえて百田氏は口にする。

基本的に、細かい部分は別として、私は百田氏サイドの考え方の人間です。ですから、「よくいった！」とホメたいです。

（とここまで書くのでやっとです）

「このまま何もしないほうが楽」
「何かいうとトラブルになるかも」
「いってもムダだから」

等という理由で、じっと黙っていることはありませんか？

ここはひとつ、自分の人生のために、本当に価値高く生きるために、思い切って行動してみてはいかがでしょうか？　思い切って発言してみたらいかがでしょうか。

私が初めてベストセラーを書いたときのテーマとなる人物は中村天風でした。

天風のポリシーはただ一言でいうと、**「信念のもとに生きる」**でした。

これは、今、私たちに最も必要なことではないでしょうか。

やむにやまれぬ心を持つ

「それをいっては、それを行動にうつしてはマズイ」

ということはありませんか？

百田氏には、よくわかっていることがあります。それは、ご本人も自覚しているのですが、「やむにやまれぬ」大和魂があるということです。

「政治」については、好き嫌いもあり、「深入り」してはいけないと、百田氏自身、百も承知です。

しかし、ご存知のように、百田氏の発言は、ある場合には過激です。

百田氏と同世代の50代後半のオジサンの友人たちは、同じような「憂い」を持つ人は多くいます。

戦時、アメリカが行った、民間人に対しての爆撃である東京大空襲について、小説の中で百田氏に書いて欲しいものです。

私はパワースポットに月何回か行きますが、その中に東京大空襲の慰霊塔があり、いつも手を合わせています。

零戦が戦ったのは、あくまでも「軍人」でありました。しかし、民間人の暮らす場所に爆弾を落とす……というのはやはり当時のアメリカは、いけません。

ビジネス書ですから、このくらいしか書けませんが、百田氏の文章や最近の発言は、時に過激です。

「やむにやまれぬこと」というのは、私たちの心の中にあるものでしょう。

「芯」の一本通った人は、もしかしたら自分にとって決定的に不利になる、というときであってもどうしても書いてしまう、いってしまうものです。

もちろん、私は何も問題発言をしろとか、やたらにケンカを売れというのではありません。

しかし、「どうしても」ということは、私たち一生の間に何回かあるかもしれません。

それをいえるだけの勇気は持ちたいものです。

以前、極真空手の創始者である大山倍達《おおやまますたつ》氏が弟子の不祥事後に、訓話をしたことがあります。

そのチャンピオンにもなった弟子のN氏が、そのスジの人のいる飲み屋でバカにされました。

体重のある方だったので、あんなので空手ができるのかという類の侮辱です。

もちろん高段者が技をしかけることもないだろうと考えるような、口先だけの輩です。しかし、店を出たものの、どうにも腹の虫がおさまらないN氏は店に戻って全員ブチのめしてしまいました。

大山氏は、確かにN氏は悪いという前提ですが、そこまでバカにされたのだから、ここで立ち上がらないで帰ってくるようでは、何のために空手をやっているんだ、という意味の過激な発言をなさっていました。

侮辱されたなら、やるべきときはやる。それは私憤ではなくて、「空手」へのさげすみに対してなのだから。大山氏の心の中の「N、よくやったよ」という言葉が聞こえてくるようでした。

このN氏の「空手」は、あなたにとっての何に当たるでしょうか？

百田氏は、あえていわないほうが賢いし、いたずらにファンも減らさないことも「よくわかって」いるのです。

しかし、あえて政治的な発言もしてしまう。

そんな純粋な良い意味での「バカ」な人間であるところが、逆に百田氏の魅力にもなっています。

あなたは、どのビジネス、どの業界に属している「バカ」でしょうか？

私も、百田氏のように「やむぬやまれぬ」所のある立派なバカになりたいなと思っています。

かくすれば　かくなるものと知りながら
やむにやまれぬ　大和魂

吉田松陰

事を成すに遅すぎることはない

カーネル・サンダースがケンタッキーフライドチキンのビジネスを始めたのは、何と65歳からだったといいます。

国岡鐵造が、つまり出光佐三が日章丸事件のときに68歳。当時の60代は、今でいえば70、80代といってもおかしくありません。

つまり、何か事を成すには「遅すぎる」ことはないということです。

もちろん「早すぎる」「若すぎる」というのも、行動しないための言い訳にすぎないでしょう。

百田氏は、構成作家をつとめている「探偵！ナイトスクープ」の中で、97歳のマジシャンを取り上げたことがあります。

そのマジシャン、本業は整体の先生でしたが、何と、整体師の資格を88歳で取ったといいます。

それは、50歳から小説家に転身した百田氏自身も、勇気づけられたエピソードの一つだったでしょう。

「何か事を起こすのに、遅すぎるなんてことはないんだな」

と百田氏は思ったそうです。

つまりは、

まだ経験不足

タイミングが悪い

若過ぎるから

という言い訳。

あるいは、

年をとり過ぎているから

タイミングが遅い
馬鹿だと思われるから

というような言い訳をすることはありませんか？

「年齢を行動しないことの言い訳にしない」というのが、ビジネスで成功していく上での基本といえましょう。

若い成功者も、
年をとった成功者も、
両方共に存在しているのです。

おわりに

いかがでしたか？　ビジネスに勇気と自信を持って取り組もうと、モチベーションは上がりましたか？

考えてみますと、私も、「ビジネスのスキルや心構えを読者が身につけて、勇気、自信、ヤル気を湧かせてくれたなら、ありがたいな」という気持ちを持っています。ですので、そこは百田氏と同じなのだなと、本書を書いて改めて気づきました。

本文中でも述べましたように、私はテレビによく出ていた時代にとまどいました。「一言で」とか「一番大切なことは」といういい方にも、少々反発も覚えたものです。しかし、今や世の中そのものが「テレビ化」してきて、むしろ時代がそのような「わかりやすい」表現を求めています。

それに合わせたなら、ビジネスでもスピーチでも、小説でも、大ヒットします。

その過渡期が、書籍の雑誌化であり、これは今でも続いています。

「わかりやすい表現」

「演出」

は、今では、どこでも常識となっています。


学生時代に、ドクター中松氏の『三倍の人生』という本を読みました。

「3倍」なんてオーバーだなと思った記憶があります。

しかし30年後の今、3倍では不十分。10倍など当たり前。

1時間、3分、1分、今はもう「秒」の世界が本のタイトルに入っていておかしくありません。

これは、私のいう「テレビ的」な表現です。

そんなテレビ的手法を活用して、小説でヒットメーカーとなった百田尚樹氏。人物から学ぶビジネスの発想といったテーマを得意としている私は、「これはもう、百田尚樹氏を取り上げるしかない」と思いました。

読むに値しないことは、日記でも書いておけ、といった主旨のことを百田氏は述べています。

あえて本にする価値のある文を本にしろ、というわけです。書くなら売れる本を書けと。

本書が、本にするに値する、売れる本となることを祈りつつ。

最後までお付き合いいただき、ありがとうございました。

松本幸夫

平成26年4月吉日

【著者紹介】

松本幸夫（まつもと・ゆきお）

ビジネス書作家
ヒューマンラーニング株式会社　代表取締役
NPO 法人日本プレゼンテーション協会認定マスタープレゼンター
スピーチ能力育成協会代表理事　スピーチドクター

1958 年東京都出身。東京ヨガ道場主任インストラクター、経営者教育研究所を経て、現職。能力開発、メンタルヘルス、目標管理や時間管理、スピーチ、プレゼンテーション、交渉などの「コミュニケーション術」を主なテーマに、年間 200 回以上の研修・講演を行う。また人物論にも定評がある。

著書は『図解・速習 中村天風に学ぶ』『孫正義の流儀』『図解スティーブ・ジョブズのプレゼン術』『ハーバード大学史上最多の履修者を誇るマイケル・サンデルの話し方とは？』『海賊とよばれた男 出光佐三の生き方』『世界の頂点（トップ）に立つ人の最強プレゼン術』（以上、総合法令出版）、『納得しないと動かない症候群』（フォレスト出版）、『人生がうまくいく「呼吸法」』（PHP 研究所）、『あなたの話の 9 割は相手に伝わっていません。』（アスコム）など、170 冊を超す。

百田尚樹氏に学ぶ動画、配信中！

http://www.kenjindo.jp/hyakuta/index.html

上記の URL にアクセスすると、百田尚樹氏の仕事術について解説した著者の動画を無料でご覧いただけます。
明日から使えるノウハウやテクニックが満載です。ぜひ本書と合わせてご覧ください。
※上記サイトは予告なく閉鎖されることがあります。ご注意ください。

視覚障害その他の理由で活字のままでこの本を利用出来ない人のために、営利を目的とする場合を除き「録音図書」「点字図書」「拡大図書」等の製作をすることを認めます。その際は著作権者、または、出版社までご連絡ください。

百田尚樹に学ぶ　ヒットを生む仕事術

2014年5月6日　初版発行

著　者　松本幸夫
発行者　野村直克
発行所　総合法令出版株式会社
〒103-0001 東京都中央区日本橋小伝馬町 15-18
常和小伝馬町ビル 9 階
電話 03-5623-5121

印刷・製本　中央精版印刷株式会社

落丁・乱丁本はお取替えいたします。
©Yukio Matsumoto 2014 Printed in Japan
ISBN 978-4-86280-402-0

総合法令出版ホームページ　http://www.horei.com/

好評既刊

海賊とよばれた男 出光佐三の生き方

松本幸夫 著

定価 1,300 円＋税

日本人に希望を与えた、熱き経営者の生涯に迫る！

百田尚樹著『海賊とよばれた男』のモデルとなった出光興産の創業者、出光佐三。「人のため」に信念を曲げず、かたくななまでにそれを貫いた。その姿はいつしか、人々の助けを得て会社を大きく成長させることになる。出光佐三の生涯から人生やビジネスにおいて大事なことは何かを分析・解説。

世界の頂点（トップ）に立つ人の最強プレゼン術

松本幸夫 著

定価 1,200 円＋税

世界の第一線で活躍する人たちのプレゼンテクニックを分析・解説

ビル・クリントン（元アメリカ大統領）、アル・ゴア（元アメリカ副大統領）、ボノ（U２）、マイケル・サンデル（ハーバード大学教授）など、第一線で活躍する人たちがプレゼンターとして呼ばれ、プレゼンを行っているＴＥＤ。彼らのすばらしいプレゼンテクニックを分析し、ビジネスの場で活かせるように解説。